〝森の中〟へ行く

人と自然の調和のために生長の家が考えたこと

谷口雅宣
谷口純子
著

生長の家

はしがき

　私は今、この文章を書きながら、夏の八ヶ岳南麓を吹き抜ける風の心地よさを背中に感じている。耳からは、エゾハルゼミの穏やかな合唱が絶えることなく、全方向から聞こえてくる。山荘の壁にかけた温度計は三〇度を指しているが、時おりの涼風のため暑さは感じない。

　今朝のラジオの天気情報によると、関東地方では今日から暑さがぶり返して、最高気温は三六～三七度という〝体温並み〟に上がるといっていた。それと比べると、ここは楽園のようだ。

　標高一二〇〇メートルのこの地に山荘が建って、もう九年になる。が、今年は洗濯物の乾きが悪い、と妻は言う。晴天なのに、湿度計の針は「七〇%」を超えている。曇天が続いた昨日までは「八〇％」を指していたのだ。夏には霧が多いこの地一帯は、朝晩の湿度が上がることは珍しくない。しかし、日中には洗濯物はよく乾いていた。

この変化が地球温暖化と関係があるかどうか、私には分からない。と言うよりは、現時点では恐らく誰にも確かなことはわからないだろう。日本は今夏、異常な降水量の増加と高温とに見舞われている。七月十七日以降の一カ月間で、東京二十三区では百人が熱中症で亡くなった。しかし、犠牲者の数は海外と比べると多くない。

降水量の増加は、アメリカ東部のニューイングランドからケンタッキー、アーカンソー、オクラホマ三州にかけて顕著で、各地で洪水が発生した。そして、パキスタンでは二千万人を巻き込む深刻な被害に及んだため、現在、国連が各国に支援を要請している。一方、夏の熱波は、アメリカ西部とアフリカ大陸の一部、日本を含む東アジア、そしてロシアを襲っている。特にロシアの旱魃《かんばつ》は深刻で、各地で山火事が発生し、何千人もの命と、広大な栽培地で育てられていた小麦が犠牲となった。このため、プーチン首相は本年中のすべての穀物の輸出禁止を命じたほどだ。

八月十五日付の『ニューヨークタイムズ』(電子版)は、今年の〝異常気象〟と地球温暖化との関連についての科学者の見解をまとめているが、それをひと言で表現すると、「たぶん関係している」というものだ。「たぶん」(probably)という表現は、科学的証拠を重視し、断定することに慎重な彼らの口から発せられる場合、傾聴に値するだろう。以前から言われていることだが、温暖化に伴う気候変動の特徴は、夏季の豪雨と異常高温、冬季の豪雪などの「激しい気象の変化が起こる機会が増大する」ということだ。そして、その通りのことが世界中で起こり始めている。アメリカ航空宇宙局(NASA)の気象学者であるガヴィン・

シュミット氏（Gavin Schmidt）は、前掲の記事の中で、「もし一個人として、今年のロシアの熱波が温暖化と関係があるかと訊《き》かれれば、私は〝はい〟と答える。しかし、科学者としてそれを証明できるかと訊かれれば、〝できない〟と答えるか、少なくとも〝まだできない〟と答えるだろう」と言っている。

地球温暖化問題が難しいのは、このように科学的手段によって早期に〝決定的な証拠〟を得ることができないことであり、将来それが得られたとしても、その時には人類の側の対応や対策が間に合わない可能性が大きいことだ。それに加えて、人間の現状維持への欲求は強大である。これは、産業革命後、化石燃料に頼ってきた現在の文明の〝自己保存力〟と言ってもいいだろう。生物がもつ自己保存への欲求は「本能」という言葉で表現されるが、文明は普通、生き物として考えられることはないから、この表現は適しない。しかし、一つの文明を構成している最小単位は「生きた人間」であるから、それらの人間の大多数が求めているものが変わらない限り、その文明全体の動向は変わらない。言い換えれば、「この文明の何が悪い」「この文明から離れたくない」「この文明が好きだ」と考える人が多ければ多いほど、文明全体の自己保存力――現状維持への力――は強大となる。

気候変動に対処するための国際協力が遅々として進まない大きな理由は、化石燃料を主体とした文明を発展させてきた様々な産業や、それに支援された政治や行政が、このような自己保存力を発揮しているためである、と私は考える。政治は、少なくとも民主主義国家にあっては、国民の大多数が望まない方向へ動くことはない。だから、現在の文明を享受し、それを基礎とした技術や仕事を生活の基盤とする大多数の人々が、化石燃料による文明から脱する方向に政治を動かすことは至難の業だろう。しかし、その一方で、満員電車で老人に席を譲《ゆず》るような〝正しい行い〟は、それ自体が偉大な力をもっている。本当は自分でやりたくても、いろいろな理由をつけて実行しない行為を、目の前で他人がした時、自分の中の〝本心〟に多くの人が目覚めるに違いない。文明の転換期である今、すでに多くの先人がそういう〝正しい行い〟に着手し始めているが、生長の家もその一端を担いたいと思う。

宗教運動の国際拠点を大都会から〝森の中〟へ移転する決定は、こうして下されたと言っていい。本書は、その経緯や理由を、特定の宗教の信者のみならず、一般の人々にも知ってもらい、あわよくば私たちと共に、文明の転換に向かって一石を投じる重要な役割を果たしてほしいと念願しつつ、発行された。

本書は六章からなっているが、その約半分である三章分を、妻である谷口純子・生長の家白鳩会総裁にお願いした。その主な理由は、私の文章が専門的になりがちで、難しくて重いのに比べ、妻は主婦の立場で生活に密着した視点から書いてくれるので、女性読者には親しみやすく、わかりやすいと考えたからである。

第一章は、生長の家が永年、本部会館を設置していた東京・原宿の地を離れて、山梨県北杜《ほくと》市の八ヶ岳南麓へと引っ越す理由を、私がインタビューの中で語ったものだ。

第二章から第四章までは、妻のエッセーと講演録である。第二章「森の生活への期待」では、妻が生長の家の本部移転を知って、「東京」という大都会で四十年を過ごした者の立場からどう考え、内心の不安をどう解決したかが書かれている。第三章「大海に石を投じよう」と第四章「環境保全と信仰」は、妻がそういう自分の理解を人に話した講演の記録である。第三章が、生長の家の幹部の勉強会である教修会での講話。第四章は、生長の家の女性組織である白鳩会の幹部会員への講話である。

第五章「なぜ〝森の中〟なのか」から、私の文章になる。この章は、私がブログ「小閑雑感」で書き綴ってきた本件に関する文章を主体にまとめたものだ。妻の文章とは違って、地球環境問題をめぐる世界の現状や人々の考え方について鳥《ちょう》瞰《かん》図《ず》的に描いている。また、生長の家の中枢機能を、現代のインフラが整った便利な〝都会〟から、わざわざ〝森の中〟へ移す意味や目的を述べている。

第六章「自然界に〝四無量心〟を行じる」は、宗教の立場から「自然を愛する」という人間の心を点検した講演録である。自然を愛する人間が、なぜ自然を破壊し続け、地球温暖化や生物種の絶滅を止めることができないでいるのか――この問題を読者も一緒に考えてほしい。

本書の内容は一般向けであり、専門用語はできるだけ避け、使う場合は説明を加えるようにした。本書をきっかけに宗教や、人間と自然の問題についてさらに深く知りたいと思う読者のために、巻末に参考文献一覧も付した。このほか、既刊の拙著など生長の家書籍を参考にしていただければ幸甚である。

なお、巻末資料として神想観の言葉が掲載されているが、この座禅的観法をどのようにして行うかを知りたい人は、谷口雅春先生の『詳説 神想観』(日本教文社刊)などを参照されたい。

最後になるが、本書の刊行に尽力くださった生長の家出版・広報部の山岡睦治部長、日本教文社の坂本芳明氏に、また本書の企画に賛同し原稿の提供・整理に協力してくれた妻に、心から感謝申し上げます。

二〇一〇年八月十六日

谷口雅宣　記

目次

第五章　なぜ〝森の中〟なのか〈谷口雅宣〉　111

第一章　自然と人との調和は可能か？

〈谷口雅宣・生長の家総裁に聞く〉

自然と人との調和は可能か？

――〝森の中のオフィス〟建設の意味をめぐって

聞き手／山岡睦治（宗教法人「生長の家」出版・広報部長）
写真撮影／堀　隆弘

二〇〇一年に、宗教団体として初めて、ISO14001（環境マネジメントシステムの国際規格）を取得した生長の家は、現在、教団が排出するCO_2を削減し、相殺する〝炭素ゼロ〟運動を進めている。また、二〇一〇年一月には、自然と人とが共生するモデルづくりとして、〝森の中のオフィス〟の建設用地を、山梨県北杜《ほくと》市の八ヶ岳南麓に購入、現在、東京・原宿にある国際本部を、二〇一二年度（平成二十四年度）までにそこへ移す計画だ。自然と人とが調和した社会は如何《いか》にすれば可能なのか、いま人類に求められていることは何かについて谷口雅宣・生長の家総裁に聞いた。

――地球温暖化による気候変動が世界的に進んでいますが、総裁は「神の無限の愛」である仏の「四無量心《しむりょうしん》」（慈悲喜捨《じひきしゃ》の四つの無量の心）の実践が、地球環境との共存のためには欠かせないと言われています。四無量心を実践するという点では、四番目の〝捨徳《しゃとく》〟の実践が一番難しいのではないでしょうか。

谷口　「四無量心を行ずる」と言葉でいうのは簡単ですが、森に行けばハチがいて人を刺す。建物には、キツツキが巣をつくる。作物はイノシシやシカに食べられてしまう。そういう厳しさが自然界にはあって、四無量心の〝捨徳〟の前に〝慈悲喜〟の段階も簡単ではありませんよ。

自然に譲る時代

――〝自然と一体〟という考えは、宗教的な境地としてはすばらしいと思うのですが、人間に害を与えるものについては、ちょっと困ってしまいますね。

谷口　〝自然と一体〟という言葉を聞くと、たぶん多くの人は旅行会社のパンフレットみたいな美しい風景を思い出して、「ああ、素晴らしいなぁ」と感じるのだと思います。しかしそれは、頭の中で考えた〝自然〟であり、抽象的な存在にすぎません。そうではなくて、もっと具体的に、我々の肉体が自然の事物と接して生きるということはどういうことなのかを体験し、考えないといけません。都会にいたら、まずそれはできない。あなたがおっしゃるように、自然界にはステキなものだけがあるわけじゃない。そのことを知ってなお、自然と共生するとはどういうことかを、皆が考えるところから始めるのだと思います。

――都会では〝自然と一体〟は分かりませんか？

谷口　都会にいて、便利な現代生活をしている人が「自然と一体の生活はいい」といっても、すごくウソっぽい面があるわけです。実際に、花の名前や虫の名前をどのくらい知っていて、毒キノコと食用キノコをどう判別するのか、といったらほ

とんど知らないし判別できない。それを知るためには、実際に現物に接して、間違えたり、失敗する必要がある。こういうことは、都会生活では〝ムダ〟だと考えられています。また、「ハチが来た！」となると、都会では急いでスーパーへ行って殺虫剤を買ってきて、シューッとかけるでしょう。しかし、それではない〝自然と一体〟ではない。ハチを殺すのでもなく、ハチから逃げるのでもない〝第三の選択肢〟を考えなくてはいけない。そのときに、人間としてのそれまでの立場が問題になる。自然から奪うだけでなく、ある程度は「譲《ゆず》る」という生き方にならないといけません。これだけは自然からいただくけれども、この部分は自然に譲り、また与えなければならない、ということになってくると思います。逆にそうしなければ、八ヶ岳の自然は生長の家が行くことによって、確実に破壊されてしまうでしょう。私は、これからの時代は、人間が自然に対して少し遠慮して〝譲る気持〟にならなければいけないと思います。

人類の生き方のモデルとは

――森林伐採も進んでいますね。

谷口　森林伐採の背後には、経済的ないろいろ複雑な問題がありますね。国際的な〝南北〟の経済格差や都市化、途上国の統治能力の問題なども絡《から》んでいて、「木を伐《き》る」という行為につながっている。日本の場合は林業が衰退しているから、逆に「木を伐らない」ことから生まれる森林の荒廃があります。ただし、世界的には森林の減少は深刻です。だから、人類が森林面積を減らさないような生き方を実践しない限り、地球温暖化を止めるのは難しいですね。我々はむしろ「木を植える」ことで豊かになる生活を実現したいのです。そのためには、本当は森林の価値を正しく評価する「自然資本」の考えを組み込んだ経済制度が必要です。しかし、今のところ「木を植える」ことで精神的な豊かさは得られます。でも、森の中でそういう仕事をしていたら、映画館や劇場へ行けない、レストランに行けない、本屋にも行けない、アレもできない、コレもできないということになる。そういうことが〝自然に譲る〟ことの意味だと思います。

――この世の欲はすべて捨てなさいという感じですが……。（笑い）

谷口　欲望のすべてではなくて、要するに都会生活の便利さの相当部分を、別の価値に置き換えていくという〝観の転換〟が必要だと思います。でもね、こういうことは多かれ少なかれ、生長の家では昔から練成会[*1]の場で行われてきたことです。ただ今後は、それがより恒常的になり、生活に密着することになる。そういう変化に応じるためには、八ヶ岳の自然はありがたいと思います。目の前にある自然としっかり接することで、自然界での人間の位置がじかに確認されます。豊かな自然をＣＧ[*2]で描いた『アバター[*3]』という３Ｄ[*4]映画が話題になりましたが、わざわざ映画館へ行って人工的な自然を見て感動するのではなくて、森の中では、３Ｄの豊かな自然は目の前にあるのですから、それに感謝し、感動したらいいと思います。映画は視覚と聴覚だけですが、森の中では匂《にお》いもするし、風や植物を肌で感じることができますから……。

――総裁は欲望を捨てるのではなくて、芸術表現によって、あれも欲しい、これも欲しいという欲望が遠のいていくとおっしゃっているのですね。

谷口　最初からそういう〝正解〟があるわけじゃないので、本当のことは、実際に森の中に行ってみなければ分かりません。まあ、私個人としては、やはり歳をとってくれれば、いわゆる〝物欲〟のようなものは少なくなるでしょう。しかし、それでは「若者が都会へ出ていく」という問題の解決にはならない。私たちは、誰でもできて、魅力を感じるような生き方を開発しないといけない。地球環境問題というのは全人類が相手なのですから、山にこもって悟った人しかできないのでは、生き方の〝モデル〟にはならないでしょう。しかし、人間には優れた適応能力があるから、森の中へ行くことで何かとんでもないことが起こるとも思いません。

今回設計を担当していただく人は、森の中でもゼロエミッション[*5]のオフィスはできると言っていますから、そういう仕事の〝外枠〟の部分はあまり心配していません。けれども、それは一日のうちの半分です。そこでの仕事が終わり、一人ひとりの本部職員が自宅に帰ってからどう生活するか――これはまた別です。その部分をうまく低炭素化できれば、恐らく他の人にも同様の生活はできると思います。

科学技術の利用と自然との調和

――総裁はブログの記事[*6]の中で、森の中に行くことは原始生活に戻るのではないとおっしゃっています。森の中で科学技術を使うということと、自然と折り合いをつけるということは、どのようにお考えですか？

谷口　もしかして、あなたの考えの中には「自然と人間は調和しない」という前提があるんじゃないでしょうか？　私は、必ずしもそう思いません。今の問題は、二酸化炭素の排出をどう抑えるかです。それを抑えるためには、昔からの人間の知恵も使うし、現代の科学技術も使うのがいい。結局、人間は自然の一部なのですから、人間の知恵は〝自然〟でもあるのです。

――なるほど。

谷口　これは『神を演じる前に』や『今こそ自然から学ぼう』[*7]の中にも書きましたが、科学や技術は道徳的にはニュートラルですから、それを使う人間の意志によって善にも悪にもなる。しかし、今の問題は、それを悪い方向に使っているのが分かっていても、止めることができないということです。社会のシステム全体が、二酸化炭素を出すことはフリーだ——何のコストを払わなくてもいいという考えでできている。法律でも経済でもすべてそれが前提になっていて、それを改めなければいけないと分かっていながら、抜本的な対策ができない。まあ、自動車の燃費規制や自然エネルギーへの補助は始まっていますが、小規模です。

ですから「自然と調和した社会」のモデルを考えると、それは、二酸化炭素の値段に温暖化のコストをきちんと反映させた生き方をしながら、現代人として問題なく生活ができますよ、というか、むしろ、今の都会生活よりも豊かな生活ができる。それが実証できればいいですね。

——逆に言うと、二酸化炭素を排出しないためにコストをかけるということですね。

谷口　そうです。例えば、今でも太陽光パネルを付けたり、太陽熱をうまく利用するパッシブソーラー*8を使って冬場の温度を保つことができる。ガソリン車をやめて、電気自動車に替えることもできます。技術一般から逃避したり、忌避したりするのではなくて、人間には理性がありますから、その理性でしっかり考えて、開発されつつあるものも含めて、もっとも有効な低炭素化の技術を採用する。一つの技術で不十分であれば、その土地に合った有効な組み合わせを採用するのがいいでしょう。新しい技術や制度に対しては、いろいろ利害関係が生じて抵抗があるかもしれません。が、我々としては、社会が低炭素化の方向に進むために〝背中を押す〟役割を果たしたいということです。

ただ、常に問題になるのは、人間には「もっと欲しい」と思う傾向があることです。もっと太陽光パネルを大きくしたいとか、風力発電もしたい、あれもしたい、これもしたいと欲望を膨らませていったら、きっと自然破壊になる。そうならないように調整をすることが大切です。これには経済学の理論とか、科学技術はあまり役に立たないでしょう。人間が自己制御して、ここまでだったら「自然と共存」と言えるけれども、ここから先は自然への犠牲が多いと判断すれば、自らの意志でそれをやめることが必要です。また、他の手段を使う努力をするとか、「それ以上望まない」と決断できないといけない。具体的なことはまだ我々にはノウハウがないので、先行の人たちから学んだり、我々自身で考えます。まあ、〝理想的な社会〟など簡単にできないでしょうが、それに向かうための〝一石を投じる〟ことはできると思います。

自然と共に生きる

――俳優の柳生博《やぎゅうひろし》さんが経営されている八ヶ岳倶楽部がオフィスの予定地の近くにありますが、「一石を投じる」という意味では、そういうところや岐阜県高山のオークヴィレッジなども自然に対する考えをしっかり持っていますね。

谷口　そういう先行者の方々は数多くいます。オークヴィレッジでは森の木材を使って立派な家具を作っていて、森と都会との共存をはかっているようですね。また、京都には、古い田舎の建築物から材をとり、そこから芸術作品をつくる職人さんもいます。日本には昔から、自然と調和しながら、古いものを大切にし、それを捨てないで再利用していくという考え方や職人の技術、ノウハウがあるのですね。こういう人たちの考え方がメインストリーム（主流）になっていけばいいと思います。

我々のこれまでの運動では、「心」の問題だけ扱っていればいいということになりがちでした。心が整えば生活も自動的に整う、などと考える傾向があった。しかし、「自然との共生」は心だけではできません。毎日の衣・食・住が問題なのです。都会人の生活は、そこのところに大きなギャップがある。便利すぎて、整いすぎて、安価な製品やサービスが自然破壊によって提供されている。理想と現実との乖離《かいり》が大きいのです。森へ行くと、そういうことは許されなくなる。そういう意味では厳しいかもしれない。でも、楽しいこともあると思いますよ（笑い）。

――楽しいことって何でしょうか。

谷口　空を見たら抜けるように青い。山が美しく見えるでしょう。人間というのは、青い空と、白い雲と、緑の山、川、湖……そういうものを見ると〝幸せ〟を感じるようにできているんです。自然の息使いが必要なんです。だから、灰色のビルの中には、必ず植物を入れるでしょう。熱帯魚や鳥、動物を飼うのも同じ理由です。

都会で生活していると、宗教や信仰というものも何となくバーチャル化してくるのではないでしょうか。効率が優先されるから、努力を省略し、本物の代用品で満足してしまう。しかし、自然は本物を要求します。だから、日本の宗教は伝統的に〝山〟の中や上にあるでしょう。今でも、本当に信仰や信念を確かめたい人は、都会の外へ出て、四国の山々を巡ったりするではないですか。

――京都の高山寺を開山した明恵上人《みょうえしょうにん》は、境内の山中で平坦な石があると必ずそこで坐禅を組まれたそうです。森の中の生活でも、樹上でも石の上でも、そこで神想観《しんそうかん》*9を行うこともいいかもしれませんね。

谷口　オフィス建設地の近くにキープ協会というキリスト教系の施設があって、こんど新しくできた新館の建物のなかに、二階の高さまで吹き抜けのチャペルが併設されていました。森の中のオフィスにも、こういう空間があってもいいという気がしました。そこで職員が早朝神想観を行うこともできますしね。

森の中から情報を発信する

谷口　ところで、今度はこちらからインタビューしたい（笑い）。あなたの部

（出版・広報部）で運営しているＳＮＳのポスティングジョイ*10（postingjoy）のことですが、森の中でどう活用するのです？

――はい。森の中の生活で、いろいろ感動することをポスティングジョイに書き込んで、世界に情報発信する考えです。投稿やコミュニティのカテゴリも森の生活ならではのもの、例えば「八ヶ岳の自然に学ぶ」とか「森林の育成」「森の芸術」といったカテゴリが考えられます。

谷口　私は、ポスティングジョイの英語版やポルトガル語版ができたらいいと思います。海外のメンバーとのコラボレーションは面白い。写真や絵、音楽などは、言語の介入が不要の分野ですから、それらの投稿作品が集まれば芸術のオリンピックみたいになるのではと思います。ただし、ネットばかりやって外に出なくなってしまうのも困る……。（笑い）

都会生活の左脳偏重から脱皮

――その点、総裁はネットもされるし、絵を描いたりジョギングもされて、バーチャルとリアルのバランスをとっていらっしゃる。絵を描くことでご自身の心境が変わられたということはありますか？

谷口　絵を描くようになって、自分が変わったかどうかはわかりませんが（笑い）、絵を描いたり、音楽をやったり、彫刻や詩や俳句などを創作しているときは、人間は普段の自分とは精神状態が違いますし、時間のたち方も違う。美的な感動を味わうことは、人間にとって必要なことだと思います。

ところが都会の生活は、人間を左脳（言語優位脳）偏重にしてしまう。物事をすべて「名前」や「単語」に置き換えて、あそこにテレビがあるとか、電話が鳴っている、人が来る、仕事を片づける……といった程度の無味乾燥な認識の中にいることが圧倒的に多くなり、美的な感動を味わうことが少なくなる。外界にあるものが自分に利用価値のあるものか、ないものかといった単純化された二分法の関係になっていく。そんな中で、人々は大きなストレスを感じ、精神の病も出てくるのです。

都会生活にうまく適応できなくなった人が、生長の家の練成会に参加すると救われた気分になる。それは、右脳（知覚優位脳）も使う宗教行をするからですね。すると、左脳偏重で行き詰まっていたものがフッと解けて、本来のバランスを回復する余地が生まれる。

宗教は、言葉によって教えを伝えることもしますが、同時に〝行〟を重んじますからね。頭で理解するだけでなく、実際に体を使って行ずるという二つが大切です。それは、今の脳科学の理論にも合致しているのではないでしょうか。

現象世界をきちんと味わう

――右脳的な感性を働かせることが、今必要になっているということですね。

谷口　感覚を構成する主観的な質感のことを脳科学では「クオリア」と呼びますが、私たちは、実にたくさんのクオリアに囲まれているのですね。ところが、そうした豊かな感覚世界が周囲にあることさえも気がつかない人が多い。左脳的なループ（閉じた円環）で考えている人が多くて、その外側へ出られない。鳥の鳴き声を聴覚が聴いているはずなのに、そんなことは少しも気づかないで、昨日の仕事上のトラブルや夫婦喧嘩のことばかり考えていたりする。

つまり、私たちが感覚として受け取っているはずのクオリアさえも、きちんと味わわないで、自分の心でつくった世界の中で〝ひとり相撲〟をとっていることが案外多いのです。だから、二重の意味で、私たちは〝狭い世界〟から外の〝広い世界〟に出ていかなければいけない。

五官で感じられる現象世界の背後には、広大な善一元の実相世界がある、というのが生長の家の世界観です。これは、「現象世界はつまらないが、実相世界はすばらしい」と観念的に、二分法でとらえるのとは違います。そうではなくて、まず、現象世界をきちんと味わうところから始めようというのです。現象世界の中に実相の顕《あらわ》れである「真象《しんしょう》」を見つけるのです。すると、日常生活の左脳的ループから離れるチャンスが生まれる。目に見えているものを絵に描くということは、物事をしっかりと観察し、深く味わう練習になります。そこから、目に見えないホンモノへの理解も生まれてくる。

例えば、我々はどうして「青」を青と感じて、心が晴れやかな気分になるのか……などと考える。自分の外に「青」があるのに、内側に「青」を感じているの

はなぜか。それは、自分だけが存在するからではない。祖先から受け継いできた遺伝子の働きを通して、自分が「青」を感じている。それだけでなく、「青」の中で生きる鳥類や魚類などさまざまな生物との永く、深い関係がなければ今、「青」に感動する自分はいない。青だけでなく、緑にも黄色にも赤にも、独特の感動がある――そういうことに気づけば、自然と自分は一体だとわかるはずです。自然の中で少し不便な生活をしてみることで、かえって視点が外へ外へと広がっていくのではないでしょうか。

人間優先から自然優先へ

――人間中心主義からの脱却ということをどう捉《とら》えたらいいのでしょうか？

谷口　私が言っている人間中心主義というのは、人間と自然とを別物として分離し、二つを対立した関係に置いたうえで、人間のためには人間を優先しなさいという考え方です。それを私は批判している。人間は自然の一部ですから、本来対立するものではない。それが対立したと見えるときには、人間の視点を問題にすべきです。それは一種の〝迷い〟です。その〝迷い〟から脱却し、自然を優先させることが同時に人間の喜びでもあると知ることです。人間と自然が対立していると感じたときには、自分をよく観察することです。すると、自然を敵視している自分は、実はニセモノだったと気づくこともある。そう気づけば、自然をむやみに傷つけたりしないでしょう。

――そういう意味では四無量心の〝捨徳〟を行うことが、人類の欲望優先社会の方向を転換していくためには重要ではないでしょうか。

谷口　慈悲喜までできれば捨徳まであと一歩だと思います。それでも、人類はまだ「慈悲喜」がうまくできていない。自分が飼っているネコには至れり尽くせり

であっても、飢餓に苦しむ大勢の人たちのことは忘れていることがある。同じ「慈悲」でも、自己中心的でバランスがとれていない人がいます。

大海に石を投げる

――総裁は「すべては一体」という世界観を提唱されていますが、人類はそれを共有できるのでしょうか？

谷口　『アバター』という映画が大ヒットしましたね。その前には『もののけ姫』[*11]もヒットしました。両方とも自然と人間との一体感がテーマの一つにあると思います。そこには「昔、人間は自然と一体だった」というメッセージが色濃くあります。そういう映画を作ると、大勢の人がそれを見に行くのは、なぜでしょう。人々は自分で気づいていなくても、「人間は本来、自然と一つである」ということを心の奥底では知っていると思います。休日に海や山へ行くのは、その証拠です。ですから、人類が自然との一体感に価値を認めることは、それほど難しいことだとは思いません。

――環境問題を通じて、世界の宗教が、神の愛や慈悲喜捨の心を出して温暖化抑制に協働していくということになりますと、多くの宗教が調和していく流れができていくのではないでしょうか。

谷口　それにはまだ時間がかかります。我々の代ではできないかもしれない。しかし今、キリスト教が反省して、聖書の記述から環境思想を学び直そうという運動が起こっているようです。イスラームの動きについては、詳しいことは分かりませんが、同じような運動が生まれれば平和共存の流れができる可能性はあります。イスラームはキリスト教より寛容な歴史をもっていますから。

世界宗教といえども、やはり歴史の流れの中にありますから、時代の必要に応じて変わっていかなければなりません。二十一世紀の今、宗教の教えに環境思想が必要ならば、現代人が各教典からそれを構築していけばいいのです。世界の宗教の教典には皆、それだけの豊かな内容があります。新しい時代に新しい聖典解釈が出てくることに、何の問題もないと思います。

私たちが森の中にオフィスを構えるのは、大海に石を投げるようなものかもしれません。でも、人間は愚かではありませんから、その〝音〟を聞いて、「自分も石を投げよう」と思う人もいる。そういう人の数が増えてくれば、〝島〟を造ることができるかもしれない。自然との一体感を重視する動きが、大きく広がっていくといいですね。

――本日は長時間にわたり、ありがとうございました。

【註】

＊1　合宿して生長の家の教えを学び、実践するつどい。

＊2　コンピューター・グラフィックス（computer graphics）。コンピューターによる図形処理。また、それによって描いた図形や動画。

＊3　二〇〇九年公開のアメリカ映画。ジェームズ・キャメロン監督。

＊4　スリーディメンション（three dimensions）。三次元。また、立体写真。立体映画。

＊5　廃棄物を最大限に活用し、全体として廃棄物をゼロにしようという考え方。

＊6　「谷口雅宣のウェブサイト」のブログ「小閑雑感」のこと。

＊7　ともに生長の家刊。

＊8　太陽熱や太陽光を家屋の中に取り込むために、機械や動力を使わず、間取りなどの建築デザインの工夫によって行うシステム。

＊9　生長の家独特の座禅的瞑想法。

＊10　生活の中で見つけた「よろこびの記事」を地図情報付きで投稿できるウェブ上のコミュニティサイト。

＊11　一九九七年公開の日本のアニメーション映画。宮崎駿監督。

第二章　森の生活への期待〈谷口純子〉

森へ行きます

二〇〇九年も終わりの頃だ。生長の家の本部が、東京・原宿から〝森の中〟に移転することは、もう五、六年前に決まっていた。そのため、随分時間をかけてオフィスの候補地が検討されてきた。そして、その選定作業もいよいよ最終段階に来ていた。ところが、私自身は本部移転の理由について人に説明できるかというと、あまり自信がなかった。心の中では納得しているつもりだが、例えば東京住まいの若者にその意義を説明し、「だから一緒に行きましょう」と説得できるかと訊《き》かれれば、心もとないのである。そこで改めて、自分でも納得がいくように、丁寧に考えてみることにした。

この問題は、「生長の家の本部事務所が森へ移転する」という団体運営や団体職員の問題だけではなく、二十一世紀というこの時代を生きる私たち人間が、日々どう生きるべきか、また、自分の人生をどう設計し、次世代にどう引き継ぐかという大きな問題とも関連している。

実は私自身が夫から、生長の家本部の森への移転を最初に聞かされた時、とんでもない提案だと思ったのである。どうして、森などに行かなくてはならないのか、理解できなかった。森は魅力的な場所ではあるが、それはたまに遊びに行くところで、住むところではないと思っていた。

私は、三重県の伊勢で生まれ、十八歳までを過ごした。その後はずっと東京暮らしで、四十年近くが過ぎた。〝第二の故郷〟と言ってもいい。そこは便利で、文化的にも、生活面でも、過ごしやすいところだと思っていた。だから、森の中みたいに不便なところには行きたくないと思った。そんな私だったから、当初は

夫に、

「私は森には行きません。あなただけ行ってください」

と言っていた。

夫は、

「そんなこと言わないで、一緒に行こう。森の生活はいいよ」

と、笑いながら答えていた。

けれども一方で、私は夫に全幅の信頼を置いている。私の感情は、東京から離れることを嫌がっているが、心の奥では、夫の言うことには、私などが思い及ばない深い考えがあるのだろうとは思った。だがまた、私は森に行きたくないのだから、そんな考えなど分からなくてもいいという、自分勝手な気持も一方にはあったのである。そんな矛盾した思いを解消するために、私は色々な本を読んで勉強した。

私は、「神とは何か」「人間とは何か」というような大仰《おおぎょう》な問題を真面目に考え、それについての教えをひたすら信じて実行するのが〝よい信仰者〟だと思っていた。だから、地球温暖化の問題などを、生長の家とは関係ない人の著作を読んで勉強するということは、それまではなかったのである。生長の家の聖典を読んでいれば、何事もそれで充分と思っていた。あとは、自分が興味のある本だけを読んでいた。

ところが、地球環境等に関する本をいろいろ読んでいくうちに、今世界が直面している問題のありかが次第にわかり、それは私たち人間の〝生き方〟そのものと大いに関係していることを理解するようになった。夫の著書である『今こそ自然から学ぼう』という本には、そのことが書いてあるが、ただの受け売りでなく自分のものとするためには、私の場合、宗教以外の色々な著作にあたり、生活面からも納得する必要があった。

今の地球温暖化の問題は、十八世紀の産業革命を端緒としている。石炭が発見され、やがて豊富な石油の発見により、化石燃料は生活のあらゆる場面で使われるようになり、人類は強力な科学技術を手にし、驚異的な経済発展を遂げることができた。が、それとともに、化石燃料の過剰な使用により地球温暖化が進行しているのである。

人類は今、多くの先進国や〝新興国〟を中心とした発展途上国において、物質的には大変豊かな生活をしている。が、その〝豊かさ〟は、石油をはじめとする化石燃料がもたらしたものである。この〝豊かさ〟を推し進めた力は――とりわけ先進諸国においては――私たち一人一人のとどまるところを知らない「欲望」だと言える。その結果、幸福が来たかと言えば、それらの国々では肥満で苦しむ人や自殺者が増える一方で、食料が大量に廃棄されているのである。

そんなことができるのは、食料や資源のムダ使いをしても経済は発展し続け、これまで以上に生産されるという幻想があるからだろう。こうして「経済発展」というものが何よりも大切にされている。

地球温暖化の問題は、新しい技術の発見や普及、新制度の導入などにより、人類の現在の生活を大きく変えなくても解決する、と考えている人もいるようだ。と言うよりは、むしろこのような考え方が一般的であり、多くの人がそう願っているのだろう。けれども、私たちが問題にしなければならないのは「人間の欲望」なのである。自分たちの欲望追求のために、自然を破壊し、動物や植物の数を減らしてきた生き方は、人類の〝利己主義〟なのである。そんな生き方が幸福につながらないことを、私たちは知っている。なぜなら、人間は自然の一部だからだ。

もっと宗教的に言えば、「すべては神において一体」なのである。そういう信仰をもつ私たちは、自然から分断された生活に別れを告げるため、率先して森に移転し、地球を温暖化させない生活へと歩み出す。

　大自然の一部である私たち人間は、自然なくしては生きられない。ところが一見便利で過ごしやすい都会生活では、そのことがわからない。欲望を追求してきた人類が、精神的な充実こそ、人間の幸せであると気が付き、生き方の方向転換ができるかどうかが、人類の運命を左右するといっても過言ではないと思う。従来の経済優先、効率第一の考え方を捨て、自然界の万物と共に、生かし生かされる生活を実現していくことが、今私たちが進むべき道だと信じている。この生き方が、多くの人に伝わることにより、温暖化を少しでも抑えることができ、未来の子供たちに美しい地球を残すことができればと、願っている。

街角の豊かさ

新宿駅の地下にある通りには、お菓子やパン、お弁当などの店が並び、どの店先も溢《あふ》れるばかりの食品でにぎわっている。東京では特に珍しい光景ではないが、その日、数週間ぶりにそこを歩く私は、なぜか不思議な思いがした。

かつての戦争で日本が負けたときには、人々は食べる物がなく、飢えの苦しみを経験したと聞く。ところがそのとき、私の目の前には全く別の光景が広がっていた。この国に住む人は、本質的には戦後まもなくの時代とそれほど変わっているとは思えない。が、これらの豊かな食品はいったいどこから来たのだろう――そう考えると、まるで魔法を見ているような感覚が湧《わ》いてきた。

六十数年前、何もない焼け野が原だった東京が、今では高層ビルが建ち並び、その中や周囲に、ありあまるほどの物を押し込んだ豊かな場所に変わっている。まさに、無から有が生み出されたとしか思えない。

人間が領土や利権、そして物資を奪い合うために殺し合いをしたことから、飢えの苦しみがもたらされた。戦争はすべてを無にしてしまったのである。その反対の平和な世界では、科学技術の進歩もあり、これだけ沢山《たくさん》の食料や物資が生産され、流通している。人間が平和に暮らすことで得られるものは、はかり知れない。

そんな豊かな恵みの源は何だろう？　作物は太陽の光と熱のおかげで、毎年実るのである。時には天候不順で、収穫が少ない年もある。それでも毎年収穫ができるということは、考えてみれば不思議なことだ。人間はただ種などを植えて、成長を見守るだけなのに、自然の大いなる力で植物が自ら実るのである。

私が今頃こんな当たり前のことに気がついたのは、自分の手で命を支える作物を収穫したことがないからだろう。お金を出せば、いつでも何処《どこ》でもお米を手に入れることができる。そういう生活を永年してきたから、こんな基本的なことに気がつかなかった。

私は花を咲かせる植物を育てることはしても、自分の食料を生産しようとは思わなかった。楽しみで野菜を少し育てたこともあるが、それらが実らなくても、私の生活には影響がない。近くの市場でお金を出せば、自分の食料を簡単に手に入れることができるからだ。そんな恵まれた時代を生きてきたから、食料生産の必要に迫られなかったのだ。

私の家の庭には柚子《ゆず》の木があって、毎年沢山実をつける。冬の間、私はこの柚子の実を採《と》って、柚子酢として使う。また皮は、香り付けなどで長い期間楽しめる。果実が毎年実をつけるということも、当たり前と言えば当たり前だ。が、それが不思議でありがたいことだと気がつくと、自分の生きる世界が急に大きな意味をもってくる。この地球の生態系は、人間が豊かに生きることができるように、と、大きな配慮がされているのだ。

現代人がもし何かを忘れているとしたら、それはこの自然の大いなる恵みに感謝する気持ではないだろうか。

ミレーの『晩鐘《ばんしょう》』の絵には、一日の仕事を終えた農夫が、頭《こうべ》を垂れ、神の恵みに感謝している敬虔《けいけん》な姿が描かれている。農業や漁業などの第一次産業は、産業革命後、特に第二次世界大戦以後は、日本ではあまり重要視されなくなった。若者は、都会へ出て仕事をすることが、時代に合ったカッコイイ生き方であると思い、実際その方が経済的には豊かな生活ができた。

ところが二十世紀終わりから二十一世紀に入ると、地球温暖化の問題とともに都会への一極集中と、田舎の過疎化、そして、放置される農地の増大が大きな問題となってきた。さらに日本では、食料の自給率の低さも無視できない。加えて、多くの都会生活者は、便利な中でも潤いにかけた生活にストレスを感じている。

かつての農業や漁業は、人々に過大な労力を要求し、生活の苦労もあった。けれども、今では科学技術の発達も手伝って、農業や漁業などの第一次産業には、大きな可能性が開けている。それは、やり方によっては、生物多様性を維持し、地球環境に配慮し、人々の命を支える仕事となるからで、これからの若者にとって、大いに魅力的な分野になっていくのではないかと思う。

「物が豊かにあることが、人の幸せである」――そう考えてひたすら働いてきた人類であったが、物の獲得は人間の欲望を募らせ、心の飢餓感を増すばかりであるということに、最近多くの人が気づくようになってきた。そして、人間が求めてきた幸せは、物や金銭の中にはなく、すでに目の前に与えられている豊かさに気づくことから得られる――そういうテーマの本や雑誌が売れるようになっている。

そんな〝豊かさ〟を得るための近道は、自然との触れ合いである。木がそこにあるだけで、花が咲いているだけで、私たちは心の安らぎや安心を得るし、鳥や虫などの動物たちからも多くの恩恵を受けている。が、多くの人は、そんなことは〝当たり前〟すぎて、あるいは頭では知っていても、実際に感じようとしてこなかったのではないか。

私自身もそうだった。でも近頃は自分で意識して、自然との触れ合いを心がけている。毎日の生活の中で、全く何の不安もなく、気がかりなことや心に引っかかることがない人は、多分いないだろう。程度の差こそあれ、誰にでも心の中の〝煩《わずら》い〟はある。特に東京のような大都会では、人々がせわしなく生きていて、周りに豊かな自然があるわけでもない。そんな中で私は、道路わきに植えられた花に注目し、街路樹に目をやる。

近頃は、私の住む渋谷区では、あちこちの街角に季節の花が植えられているのに気づく。それも、シクラメンやパンジーなどの装飾的な花ばかりでなく、ワスレナグサやキンセンカなどの季節の素朴な花が植えられ、時には植えた人のメッセージが添えられている。そんな温かみのある人の営みに接することにより、私の心も和まされる。

それは多分、花の美に触れたことと、道行く人への善意を感じるからだろう。どこにいても自分の心ひとつで、豊かな恵みを感じ、発見できるのはうれしいことだ。

まだ見ぬ自分への期待

プランターに植えたレタスが、結球しそうになってきた。

一か月前ホームセンターの苗売り場で買った時は、数枚の葉だけで、風が吹けば倒れそうに細かったが、ようやく安心できる太さになった。同じプランターには、枝付きブロッコリーも植わっている。このほかいくつもの植木鉢に分けて、サニーレタス、ルッコラ、パセリ、セージ、レモンバームなどが育っている。

夏には、ここ数年、ゴーヤとミニトマトを植えることにしている。どれも大した収穫はないが、野菜やハーブが身近にあり、少量であっても新鮮な野菜が食卓を賑《にぎ》わし、また味わうことができるのはうれしいことだ。都会の真ん中で生活する私であるが、毎年、こんなささやかな楽しみを繰り返している。

最近はそんな自分の行動を、新たな視点から見るようになった。それは三年後に、山梨県の八ヶ岳の麓《ふもと》で暮らすことが決まったからだ。

実際にその地で生活してみなくては、本当のことはわからない。だから今は想像の域を出ないのだが、四十年前後の東京暮らしが身に染《し》みついた私には、かなりのカルチャーショックが予想される。だから、少し不安もある。

今の住環境では、数分置きに来る電車や地下鉄を利用し、歩いて五分か十分で渋谷の繁華街へ行けるから、世界中のものが選《よ》り取《ど》り見取りである。夏の暑さは厳しいが、冬の寒さは、北国に比べれば大したことはなく、雪もほとんど降らない。

それが、八ヶ岳に行くとなると、どこへ行くにも乗用車である。それを避けるつもりなら、一時間か二時間に一本の電車やバスを使うしかない。商店の数も少なく、手に入るものの種類も少ない。が、それとは対照的に、豊かな自然は見渡すかぎりだ。

移住の第一の目的は、地球温暖化の抑制に貢献するためである。が、住環境がこれだけ変わると、森での人間の暮らしにどんな意味があるのか、などと考えてしまう。

そんな事情もあり、ヘンリー・デイビッド・ソローの『森の生活』を、二回ほど読んだ。驚いたことに、ソローは「森での生活に足りないものは何もない」と言うのである。その本当の意味を、自分自身の体験で知りたいと思った。

これまで現代文明にどっぷりと浸った生活をしていた私の中には、「正しい」と思う価値観がしっかり出来上がっていた。その一つは、「進歩した社会」のイメージで、それは工業化が進み、ものが豊富に手に入り、便利で快適な生活を提供してくれる社会だ。だから、自給自足的な森での生活は、文明を後もどりすることになり、これまでの人類の進歩を否定するものになる。それが「正しい」はずがない、と最初は思った。

『今こそ自然から学ぼう』の「はしがき」には、エドワード・ウィルソン博士の著書『生命の多様性』からの引用が載っている。それには、この地球上のあらゆる生き物——動植物から菌類にいたるまでは、みな独自の働きがあり、どれもが生態系を支えていること。また、私たち人間はそのような生物相互のネットワークによって「生かされている」ことが書いてある。

人間は万物の霊長であり、あらゆるものを支配する権利があるという考えをもっている場合は、虫や植物の数が減っても私たちの生存に大きな影響はないと思いがちである。けれども、私はウィルソン博士のこの言葉を読んだ時、人間は自覚していなくても、生きとし生けるもの、ありとしあらゆるものに生かされていると知り、世界を見る目が広がった。

それまでは、人間は神によって創《つく》られた特別の存在で、進化したのではなく、他の生物とはかかわりがないと思っていた。ところが、ウィルソン博士は、「人類自体この生きた群集の中に混じって進化してきた動物であり、かつ人間の体の機能は人類以前にすでにできあがっていた特定の環境に合うよう、念入りに調整されている」と書いているのである。

私は、理念としての神の創造と現実の生命を混同していたから、他の生物から孤立した狭い世界しか見えなかったのだ。

人間と自然との関係では、もっと具体的な話を、オーク・ヴィレッジの代表、稲本正さんが『森からの発想』（TBSブリタニカ刊）の中で分かりやすく説明している——

自然は、工業化社会の時代までは克服し、支配すべき対象だったが、知的、精神的労働がおもな情報化社会では、自然はそこに抱かれて休息する場として重要になってきている。これも考えてみればあたりまえのことで、人類が出発して以来、四百万年も自然の中にいて、ここ百年ぐらい急に自然から離れたのだから、自然が恋しくならない方が不思議なくらいである。たとえていえば、四百メートル走る中で最後の一センチだけ走り方を変えるなどというのは至難のわざであろう。

（同書、一八二頁）

人間はこの地球の中で、他の生物と一緒に進化を遂げてきたのだから、本来自然と共に生きるのが心地よいのである。都会のコンクリートの中にいても、野菜や花を育てることに喜びを見出す自分を振り返ると、それが人間の本性だと私は納得する。そういう自分の未開発の側面がもっと見えてくると思うと、森での生活が楽しみになってくるのである。

第三章　講演録「大海に石を投じよう」〈谷口純子〉

大海に石を投じよう

——「森に行く」意味について学んだこと

皆様ありがとうございます。（拍手）

今日は日本での二年に一回の教修会[*1]でして、皆さま方とともに世界の諸宗教の自然観、あるいは環境思想について学ぶ機会を与えられました。大変うれしく感謝しております。ただいまは、お二人の方がよく勉強され素晴らしい発表をされました。私はもっと身近な話をさせていただきますので、気軽にお聴きいただければと思います。

「森に行く」ということについて私が今どのように理解しているかを、お話しさせていただきたいと思います。

今年（二〇一〇年）の『白鳩』誌三月号に「森へ行きます」というエッセイを書かせていただきましたので、[*2] それをお読みいただいた方は、私が森に行くことについてどのように思っていたかということはご存じだと思いますが、この〝森の中のオフィス〟構想が最初に提唱されましたのが、五年前の運動方針ですね。その当時、私の率直な気持は、東京を離れて本部が森に行くということは、私自身もどこかの地方に行くということになり、それまでの自分の人生で、東京以外のどこかで暮らすということなど、考えも及びませんでした。

今日は教化部長の皆さま方も沢山おられて、皆さま方は色々な所に転勤されていらっしゃいますけれども、私自身が東京を離れるということは、考えたことがありませんでした。故郷である三重県は十八年、そして東京は約四十年。こちらの方が長く生きておりますので、最初は〝とんでもない話だ！〟と思いまして、

「私は森に行きません！」などと言っておりました。それに対して夫は「森は良いところだから行こうよ」というような感じで軽く流しておりました。けれどもそんな中で、「森に行く」という、そういう思想ですね、その考え方を理解したいとも思ったわけですね。

生長の家が「森の中に行く」という決定にいたる前段階の考え方は、生長の家の「環境方針」[*3]に書かれてありますし、また、『今こそ自然から学ぼう』（谷口雅宣著）の中に詳しく多方面にわたって説明されています。けれども、それは、私が自分自身で考えて出した結論ではなくて、読んで理解はできるけれども、その背後にある考え方は何なのか、ということが分からなくて、なかなか納得ができませんでした。

森に行くことの最も大きな理由の一つは〝炭素ゼロ〟を実現する、つまり炭素を出さない生活を私たちは森に行ってするのだということですが、それは「東京ではできないのか？」と思ったわけです。私たちの人類光明化運動・国際平和信仰運動は、一人でも多くの方に生長の家の教えを伝えていくということです。そのためには、今の日本では東京を中心に交通網も発達しておりますし、いろいろな面で、東京を基盤にして本部があった方が大変効率の良い運動ができるわけですね。それを、どこか分からないけれども、地方の「森の中」にオフィスを構えることによって、本当に私たちの運動が成り立って行くのだろうかという疑問がありました。さらに、そういう所に行くのは何か〝都落《みやこお》ち〟をするような感じがしていました。

自然を豊かに感じる生活

でも一方で、東京はどういう所かといいますと、皆様もご存じように、都内の施設では冷房や暖房が効いていて、夏寒くて、冬暑いというような生活なんですね。私なども夏に都内のどこかへ行く時には必ず上着を持って出掛けます。それぐらい、ビルの中や駅なども寒い、建物の中も寒い。冬はまた、お店で働いている人たちは半袖で仕事をしていたりするわけですね。そういう不自然な都会が東京です。そういう所で私たちが「自然と共に伸びる運動」をしよう、そして炭素を出さない生活をしようとしても、そこで生きて、そこで生活すること自体が、もういっぱい炭素を排出しているのです。それはよく分かるのです。が、それでもやっぱり東京の方が私たちの運動を進めていく上には良いのではないかと、そういう疑問がどうしても私の中では消えませんでした。そして、それを解決するために、自分で答えを見出《みいだ》したいと思いまして、いろいろな勉強をいたしました。

地球環境問題についての本であるとか、環境活動家が書いた本、あるいはヘンリー・デイビッド・ソローの『森の生活』を読んだり、あるいは森に行くということは、自分たちの「自然観」と関係がありますので、内外の民俗学の本を読んだり、あるいは日本の社会学についての本なども読みました。そして、まあその中で異色といいますか、自然環境を巡っての小説も読みました。私は普段は小説を読む時間や余裕はないのですが、たまたま今年の初めのころ、お野菜が包んであった古新聞を開けますと、その新聞に本の広告があったのです。それが二〇一〇年の本屋大賞にノミネートされたという『神去《かむさり》なあなあ日常』（徳間書店刊）という変な題の本なんですね。帯に「林業に〈ゆるーく〉かける青春！」と書かれていて、「林業？」というので、「まあ、今はこういう本が本屋大賞候補になるのか、時代を反映しているな」と、その帯文に注目しました。そして小説の舞台が三重県だったのですね。三重県なら少しは地理感覚もありますし、たぶん大台ヶ原とか熊野とかそういうところが舞台ではないかと思って、その本を早速買いました。三浦しをんさんという作家の著書で、私はこの方を全然知らなかったのですが、去年の五月に出版されて、私が買いましたのは今年二月の終わりでしたが、もう十二刷も版を重ねており、そういう林業にかける青春の物語がこんなに多くの人に読まれているというのは驚きでした。

その中で私が知りましたことは、本当にかいつまんで話をしますと、横浜に生まれた高校生が自分は高校を卒業したら、適当にフリーターで生きていこうと思っていたのですが、担任の先生とお母さんが裏である画策をしたのですね。その小説の中では林業に従事するという条件で国が補助している「緑の雇用」制度というのがありまして、本人に知らせないで勝手に応募しちゃうんですね。それで、卒業式の日に、先生から「お前の就職口決めといたよ」と言われて、「え？　何だよそれ？　知らねえよ」って感じで、それで家に帰るとお母さんが「あんたの身の回りの荷物は、もう神去村という所に送っちゃったから行きなさい」って、まあ乱暴な設定の小説ですが、彼は、荷物も送られているし、自分はフリーターだから「旅行気分で行こうか」といって現地に行くわけです。そこで、林業を全く知らない彼が、三重県の深い山奥、どこか分かりませんが神去村という、先祖代々ずっと林業を営んでいたその村の中に入って行くのですね。いろんな人がいるのですが、お年寄りもいれば、ちょっといい加減な先輩もいたりして、その中で林業を通していろいろな体験をするという物語でした。

もう一冊、『ふたつの川』（塩野米松著、無明舎出版刊）という小説も読みました。昭和初期、秋田の山で炭焼きをしている男性の生活と、その地方に発電所の建設計画が持ち上がり、山の自然を守ろうとする人々と、環境保護よりも開発を進めようとする人々の対立を描いたものです。

これらは小説ではありますが、ある程度事実をもとに書かれており、私が初めて知ることが沢山ありました。林業というのは、日本の長い歴史の中でずっと続いてきたわけですが、その中で人々は何を感じ、どのようにして林業を営んできたかということでした。例えば、山に入る時には「これから山に入ります。どうぞ御守りください」と守護を祈念して、帽子とか、かぶり物をしていたらそれを取って礼をして山に入る。そして木を切るときには「切らせていただきます」。終わったら「ありがとうございました。明日もまた来ます」と、そのようにして、自然と共に、自然の中で生活しているわけです。自然からいろいろなものを恵まれる、自分の生活の糧も恵まれるし、その自然の背後には「山の神」がおられます。

この時代設定は、現在と昭和初期ですけれども、機械化されていない時代は、人間は斧《おの》とか鉈《なた》とか、そういうものでしか林業という仕事はできませんでした。そうすると、人間の力というのはとても弱い。そして、自然は人間に多くの恵みをもたらし、優しい時もあるけれど、ときには自然は恐ろしく、人間の力ではどうしようもできないようないろいろな厳しいことも起こるわけですね。そういう大自然の中で、風、雲、そして樹とか、それらから情報を得て、今年は花が遅いとか早いとか、こんな風が吹いた、こういう雲が流れている、だから今日は早く山を下りないと危ないとか、そのように自然を豊かにキャッチしながら自分たちがどのような行動をとればよいのかを判断してきました。それは農業をしている方たちもそうではないかと思いますが、日本人はずっと長い間自然と共に、そして、自然の恵みに感謝しつつも、自然を恐れながら生きてきたという、日本人の自然観がこの二つの小説を読んで分かりました。

日本の歪《いびつ》な食糧事情

そしてまた、いろいろの本を読んで知りましたことは、先ほど研究発表された方も日本人の「貧しさ」について触れていましたが、終戦直後ぐらいまでは、ずっと私たちの先祖は飢えていた。いかに食べるか、いかにお腹を満たすかという、そういう生活をずっと長い間送ってきたということでした。例えば昭和の初期には東北で大変な凶作があって、大勢の人々が餓死するなど、そういう記録もありますね。

ところが、戦後、昭和三十年以降は、石油を中心とする化石燃料と科学技術の発達によって、高度経済成長の道を突き進むわけです。それは日本だけではなくて、第二次世界大戦後の先進国というのは、みんなそういう生活をしてきました。そしてそれが現在の地球温暖化に結びついているということですね。ですから、日本は高度経済成長を経て、かつてはGDP世界第二位にまでなったわけです。

日本の国内総生産額が、どのような変遷をしてきたかということをご存じの方もいらっしゃるかもしれませんが、昭和三十五年、つまり一九六〇年には、約十六兆円だったそうです。それが平成十七年の二〇〇五年には五〇三兆円、三十倍の国内総生産額になりました。三十倍ですから、それくらい日本は、すごい伸びをしているわけですね。

日本人の海外旅行者の数も、以前調べた時に一九七〇年から一九九〇年までの間に、やはり三十倍以上伸びているのです。それくらい急速に社会は変化したわけですね。

では今の日本はどうなのかといいますと、かつては飢えて、いかにお腹を満たすかと言っていた私たちですが、今の日本人は有り余るほどの食物に囲まれて、かえって成人病であるとか肥満であるとかが人々の間では悩みになっているということです。

現在の世界人口は六十八億くらいだと思いますが、日本は一億二千万です。そんな中、世界で流通している食糧のうち、日本人はどれだけを食べているかといいますと、約一割、つまり世界に流通している食糧の一〇％を日本人が消費しているということなんですね。六十何分の一ほどの人口の日本が、世界の人々の十分の一の食糧を食べているという、とても不自然で歪《いびつ》といいますか、それだけ世界から奪っているし、それだけ炭素をいっぱい出す生活を今の日本人は送っているのだということを、いろいろ勉強して知りました。

それと農業のことをお話し致しますと、今、日本の田んぼは、減反率が四六％だそうです。それを単純に日本地図で喩《たと》えてみますと、大阪から北海道までの田んぼには稲は植えられているけれども、沖縄から大阪あたりまでの田んぼには稲はぜんぜん植えられていませんよという状況のようです。それには、さまざまな理由がありますが、一つには、今の日本人はいろいろな物を食べていますので、昔はお米が主食で、おかずはちょっとでした。ところが現在はお米をあまり食べなくなってきましたので、お米が余り減反政策をとっているわけです。これは、休耕田に他のものを植えて転作しているということとは関係なく、減反率だけを見ますと四六％ということなんですね。

そして、穀物の自給率は二八％ということで、これはアフリカの飢餓の国と同じくらいの率だそうです（徳野貞雄著『農村の幸せ、都会の幸せ』ＮＨＫ出版）。現代の日本はそういう中にいるけれども、私たちに危機感はなく、いつでも自分たちは「日本はお金があるから何でも買える」と、まあそのように思っているところがあるのではないかと思うわけですね。そして、東京という街を見てみますと、先ほどもお話ししましたように夏寒くて、冬暑い、そして世界中のいろいろな物がすぐに手に入ってとても便利で快適で、ですから、ある意味では人間の欲望といいますか、そういうものをこの一点に集めているような街である、ということもいえるのではないかと思います。

地方と都市との格差

一方で、日本の地方はどうなのかといいますと、先ほどもお話ししましたように、高度経済成長期に、地方から都市に人がどんどん行ったわけですね。「過疎」という言葉は、比較的最近の言葉かと思っていましたら、この言葉が初めて使われたのは、一九六六年、今からもう四十年以上も前に「過疎」という言葉が使われたそうです。そのころには高度経済成長が始まっていて、都市に人がどんどん流出していたということですね。そして、今はどうなっているのかといいますと、「限界集落」という言葉を皆さまもご存じのことと思いますが、最近『限界集落』（曽根英二著、日本経済新聞出版社刊）という本が出まして、私は興味がありましたのでその本を買いました。「限界集落」といいますのは、住民の二人に一人が六十五歳以上の人で、コミュニティとしての役割が著しく低下した集落を言うそうです。東京ではほとんどありませんが、地方では、その集落で下水の掃除だとか、集会とかいろいろなことを地域の皆さんが行うのですが、住民が高齢化してそういうことができなくなる。そのような集落が今の日本でいくつあるかと言いますと、七八七八カ所もあると言われています。でも、さらにこれから高齢化が進むわけですから、そういう「限界集落」はこのままの状況でいけばもっと増えるだろうと言われていて、そのうちの四二二三カ所の集落が、これから先、十年くらいで消滅するだろうと言われています。

一つの集落が消滅するということは、日本にはずっと長い間の文化があり歴史があって、その集落には、その集落独特の文化や芸能があると思うのですね。私の生まれた街にも、重要無形文化財ではないですけれども、そういうものがありました。お祭りであるとか踊りであるとか、長い歴史を通して集積されてきたものがその地域地域にいっぱいあるわけですね。それが、後継者がいないので、この十年の間に四二三カ所も無くなるわけです。無くなるということは、そこに人がいなくなり、そこにあった文化なども全部無くなるということです。それが今の日本の抱えている大変危機的な状況なのですが、私たちはあまりそういうことを自覚していない。自覚していないけれども、『限界集落』という本が出ること自体が、いろいろなところで人々が、今なにをしなければならないのか？　何が問題なのか？　ということに気が付き始めているわけです。林業の小説が本屋大賞にノミネートされて売れるというのも、そういうことではないかと思いますが、人々の間に「何かを変えていかなくてはいけない」という意識が、ひたひたと生まれてきているのではないかと思います。

そして、あらためて東京を見てみますと、私の家の近くで近ごろやたらと目につくのが、リラクセーションだとかアロマテラピー、あるいは「てもみん」（マッサージのチェーン店）だとか、タイ式マッサージなど、そういうヒーリングの場所、ストレスを緩和する場所が、「あっ、またここにもできた！」というように、いっぱいできているわけですね。

人々が都会の生活は便利で豊かで刺激的で、時代の先端を行くと思って、どんどんやって来ました。そこでは田舎よりも、豊かで新しい時代にふさわしい生活ができると思っていた人々は、今はとても病んでいる、ストレスを感じているようです。

満員の通勤電車には、幸いにも私は普段は乗ることはないのですが、一度だけ、たまたまラッシュの時間ということを忘れて明治神宮前駅から地下鉄に乗ったことがあるんですね。夫も一緒でしたが、夫はリュックを背負っていて、乗る前に「もしかしたらリュックを前に抱えた方がいい」と夫は言ったので、どういうことかな？　と思いましたら、背中に背負っていたら迷惑になるし、動きがとれないのです。明治神宮前で「もう動けない！」っていうくらい人が一杯になりました。次の駅が表参道でした。「表参道で誰か出るのかな？」と思ったら、出るよりも「もうこれ以上は入れない！」というような列車に、押して押して押して、ギューッと押して入ってきました。そういう経験を毎日されている方もたくさんいらっしゃると思いますけれども、私はその時に、それは私が毎日そういうことを経験していないからですけれども、怒りを覚えるような体験でした。ラッシュアワーでは、もう全く身動きできないという東京の異常さですね。そして人々は一時間とか一時間半かけて職場に行く。そして家族とゆっくり食事をする時間もウィークデーには無い。さらに、今問題になっているのは、みんなそれぞれが「孤食」をしているとか、一緒にお食事をすることがないとか、あるいは、いじめがあったり引きこもりがあったり、うつ病があったり、そしてここ十年くらいで自殺者が二万人から三万人になったというのが、今の日本の現状です。

そういうことを考えますと、日本人はかつて神に祈り、神を畏《おそ》れ、神の恩恵に感謝し、自然と共に生きる、そういう生き方をしていたわけですよね。それがなぜ？　というと、それはいろいろな要素があると思いますが、その一つは、やはり貧しかった、そして科学技術の力と言いますか、それは偉大なものがありますが、それを目の前にした時には、やはり大きな衝撃があったと思います。例えば女性だったら、それまでは竈《かまど》で薪《まき》を燃やして、ご飯を炊かなくてはいけない生活だったわけです。ところが、スイッチ一つでご飯ができる、洗濯ができる。そういう便利な生活。そういう科学技術の偉大さ、そして豊かに物があるという生活に魅了されて、やはり目の前の便利さとか豊かさには、人間は随分弱いものなのだと思います。

かつて人間が自然と共に生きていたときの本来の「感性」は、まだそれぞれの人が持っているからこそ、休暇があれば自然の美しい所に行きたいと願うけれども、そういう「感性」というのは、やはり「自覚的」ではなかったのではないか。それが「理論的にこういうものだ」という確固としたものではなかったから、それが偉大な科学技術とか、石油文明の中では影を潜めてしまったということもあるのではないかと、そんなことをいろいろと勉強して感じました。

「三車火宅」の生活を超えて

「森に行く」ことをめぐって、多方面の勉強をしたことによって初めて私は、この歪《いびつ》さ、地方と都市との格差を知ることができました。そして、地方の多くのお年寄りが、もう畑はできませんとか、私は農園できませんとか、後継者がいないという、そういう地方がある一方で、人が大変な密度で住んでいる都市、そこで二酸化炭素をいっぱい出している都市生活――それは、仏教で言えばですね、どちらの生活も、現代人は「三車火宅《さんしゃかたく》＊4」の生活をしているのではないか。自分の家が焼けて天井が落ちてきそうなのに、目の前には豊かで快適な生活があるのでそれを楽しんでいて、でも気がつかなければ、もう屋根が落ちて死んでしまうと、まあこれは極端な話ですけれども、そういうことを私たちはまだ自覚していませんが、そういう状況に今、行きつつあるのが現在の日本ではないか。また日本に限らず世界中が、特に先進国もあるいは新興国も、今は中国でも肥満が大変問題になっているそうですけれども、同じ状況にあるわけです。そういう中で、私たちは「森に行こう」としています。人々がそういう生活ができれば良いとどこかで思っているけれども、「でも、今の生活を捨てて、どうしてそんなことができるのか、それは現実的ではない」という考えも多くの人の心の中にあるのではないかと思います。私たちが東京ではなくて、森の中に行って、そこから、「自然と共に生き、炭素を出さない生活はどのようにするのか？　このようにやって行きましょう」ということを、実践していくわけです。総裁は『いのちの環』vol.3の中で、「大海に石を投げるようなものかもしれません」と言われました[*5]けれども、たとえそうであったとしても、石を投げたらそれは波紋がずっと広がりますから、その波紋を見て、「あっ、こういう生き方がある」「こんなこともできるんじゃないか？」と、多くの人々に、共感していただけるのではないかと思います。

神により自然と共に生かされ、自然を守り、そして万物を生かす、「人間・神の子」の生き方が、私たちが森に行って、自然と共に生活することによって、多くの方に伝えられるのではないか、ということを、ようやく私も理解いたしました。東京ではなくて、森に行かなくてはいけない、私たちは率先してそういう生活をしていかなくてはいけないのだ、ということがよく分かりました。

そういう私の経験を、今日はお話しさせていただきました。もし「東京が良いんじゃないか？」と思われている方がいらっしゃいましたら、私が色々と勉強した結論として、「ああ、私たちが森に行くということは本当に素晴らしいことなのだ」というふうに、今は思っておりますことをお伝えさせていただきます。

皆さま方とともに、これからも人類光明化運動、国際平和信仰運動を、地方そして本部を問わず、一緒に「自然と共に伸びる運動」を進めていきたいと思います。これで私の話を終わらせていただきます。

皆さま、ありがとうございます。（拍手）

（生長の家教修会での講話／二〇一〇年七月十日・生長の家本部会館ホール）

【註】

＊1　二〇一〇年七月十日～十一日に開かれた「平成二十二年度生長の家教修会」。

＊2　本書の四四～五〇頁に収録。

＊3　生長の家本部がＩＳＯ１４００１（環境マネジメントシステムの国際規格）の取得に向けて二〇〇〇年十月に決定した、生長の家における環境保全活動の最も基本となる方針。巻末資料を参照。

＊4　『法華経』の「譬諭品《ひゆぼん》」にある「三車火宅の譬《たとえ》」より。三車とは、羊の車、鹿の車、牛の車の三つの車。火宅とは、火の燃えている家。火宅の中にいることを知らずに遊びに熱中している子供に、父親が家の外から玩具の三つの車を見せて辛うじて救い出したという話。詳しい解説は、谷口雅春著『日常生活の中の真理――仏典篇』の一九七〜二〇三頁、同『新版　善と福との実現』の二三一〜二三四頁、等に収録（いずれも日本教文社刊）。

＊5　同誌に掲載された特別インタビュー「自然と人とが調和した社会は可能か？」に収録。同インタビューは「自然と人との調和は可能か？」と改題の上、本書の第一章に収録。

第四章　講演録「環境保全と信仰」〈谷口純子〉

“神の国”実現のために

今日は、『今こそ自然から学ぼう』（谷口雅宣著）を持ってまいりました。ぜひ皆さま方には、第一章だけでもよろしいので、もう一度読んでいただきたいと思います。

今、地球環境問題に対する危機感が、だいぶ世の中に浸透してまいりまして、NHKテレビでも、毎日のように、「明日では遅い、今やらなくては」と言っています。この本の三二八ページには、宗教法人「生長の家」環境方針が掲載されています。これは、平成十二年、今から七年前に定められたものですが、生長の家では、その前から、「地球環境問題を解決するため、自分たちのできるところから実践しよう」と活動してまいりました。そして、多くの皆さま方にご理解ていただいて、今、マイバッグやマイ箸を持ったり、なるべくCO_2を出さないようにいろいろと工夫しています。

　先日の日曜日、大分教区の講習会から帰ってまいりまして、NHKテレビの環境特集の番組を見ておりました。すると、女優の竹下景子さんと数人の方が、今の世界のさまざまな地域の環境破壊の問題や解決への取り組みを紹介していて、日本はその取り組みが遅れているような話もありました。

　その中で、竹下さんが、「〝エコ〟と言うと、何か惨《みじ》めで、貧乏くさいと思われますけれども、やらなくてはいけないことですね」と言われましたので（笑い）、私は、「えっ、貧乏くさい？」と思いました。でも、例えば、今でこそレジ袋を買わなくてはいけないスーパーもありますけれども、何も言わなければ、レジ袋に入れてくれるところがまだ多いわけです。そういう所へマイバッグを持っていく。あるいは食堂へ行ったら、必ず割り箸や竹箸があり、使い捨てではないお店もありますけれども必ず箸は出てくる。そこにわざわざ面倒でも箸を持って行くことは、見方によっては、何となく貧乏くさく思えるのかも知れません。

私は、反対にエコというのは格好良い（拍手）、またそうではなくても素晴らしいことだと思っていますけれども、やはり、一般的な理解としては、まだその程度なのだと思いました。

『今こそ自然から学ぼう』の第一章では、ある方の電子メールから始まっています。その中で次のように書かれています。

環境問題、遺伝子問題は言われるまでも無く、常識で判断します。

それをことさら主張する必要があるのは、一般マスコミに対してであり、信徒には敢えて云々する必要の無いことです。言われなくとも判っている

思います。（中略）

それを専門家の受け売りで言われるより、「人間とは」「神とは」等々宗教的な根本問題の話をしていただきたいのです。信徒は真理を求めているのです。

こういう風に考えている方は、今でもいらっしゃると思います。「地球環境や科学の問題の大切さも分かるけれども、心の救いを、真理を求めているんです」という方です。

これは、一見、もっともな意見のように思われるかもしれません。環境問題や生命操作の問題は、信仰のある人間は当然のこととして、実行していることだから、強調する必要がないというのです。しかし環境問題や生命操作の問題は、そんな簡単なことではなく、とても大きな問題を含んでいます。そして、解決するためには、自他一体の神の子としての信仰に根ざした、一切者の自覚がなければ、現実の自分の生活の足元から行動する生活はできにくいでしょう。

信仰というものは、現実の生活に生かされてこそ、意義があるのです。心の救いが得られたなら、自ずと生活に変化が表れてくるはずです。谷口雅春先生が創始されたのは〝人類光明化運動〟であり、私たちは〝地上天国建設運動〟をしているのです。そして、「生長の家とは大宇宙のことである」「人間の本質は神の子である」と教えていただいています。それでは、その神の子が肉体を持って生まれてきたのは何のためか？　それはこの世界に神を、神の国を表現するために生まれてきたのである。ですから、私たちは、ただ神の子の実相を知って心を満足させるだけではなく、それをこの現象世界に具体的に表現し、伝えていかなければならない。

さらに、生長の家では、すべての宗教の神髄は一つであるという「万教帰一《ばんきょうきいつ》」

の教えがあるわけですから、「生長の家が環境問題について語る」ということは、ある意味では、皆さま方に、もっと高度の信仰を求めているとも言えるわけです（拍手）。心の救いというのは個人的なものですが、心の救いが得られたならば、さらにそれを深め拡大し具体的に実践して、一切者の自覚で生きる。すなわち「私一人では何も」ではなく「私一人でも、やっていこう」という生き方になるはずです。それはまた私たち一人一人の、救いにもなるのです。

その一方、地球環境問題は、「唯心所現《ゆいしんしょげん》」の原理の現れでもあります。産業革命以来、科学技術が発達して、人間は、石油、石炭、天然ガスなどの化石燃料をどんどん使い、特に先進諸国で、私たちは、大変豊かで便利な生活をしてきました。そして、「もっと豊かに、もっと便利に」と、私たち人間は、より豊かに、より便利に、より幸せに、それらを中心に求めて生きてきたけれども、その人間の心の結果として環境問題があるのです。『今こそ自然から学ぼう』の四二ページにも次のように書かれています。

地球環境問題は、自然界の背後に佇《たたず》む観世音菩薩の教えの一つである。観世音菩薩は、自らを「暖まる地球」「飢餓に苦しむ人々」「絶滅する生物種」「激化する気候変動」「災害に苦しむ人々」の姿に身を変じて、我々人類に大切な教えを宣示していたまうのである。その教えを学び、実践することが宗教活動でないはずがないのである。

すべてを生かす自覚を

私たちは、マイバッグやマイ箸を持ったり、CO_2を削減する環境保全の取り組みを、テクニックとして捉えるのではなく、この本のサブタイトルに「人間至上主義を超えて」とありますように、人間の欲望を追求するのではなくて、神に生かされている命であり、すべての命と一体であるとの自覚から取り組むのです。そういう信仰に根差した生き方の中に、マイバッグやマイ箸があり、太陽光発電装置を設置したり、風力発電の電力を使ったりするのです。こうしたことを、ぜひ周りの方にも伝えていただきたいと思います。

私たちが、環境保全に手段として取り組むだけで、自分たちの生き方、考え方が変わらなかったら、たとえ環境問題が解決しても、次にまたほかの問題が出てくるでしょう。今、二十一世紀の現代を生きている私たちの目の前に立ちはだかる地球環境問題は、地球の危機、未来世代の危機を招き、そして世界平和を大きく崩す原因にもなっているのです。

ですから、皆さま方は、私たちが環境問題に取り組んでいくことは、「神の表現」であり「時代の〝フロントランナー〟である」という、大いなる自信と誇りを持って、教えを伝える「法施《ほうせ》」と現実世界を善くする「物施《ぶっせ》」を車の両輪のごとく生きていただいて、今の一瞬一瞬を、神の子の自覚で生活していただきたいと思います。（拍手）

（生長の家白鳩会全国幹部研修会／二〇〇七年六月十五日・生長の家宇治別格本山）

すべてのものには〝神の生命〟が宿っている

皆様、ありがとうございます。（拍手）

ご存じのように、私は、二〇〇九年七月二十六日から八月十四日までの約三週間、ブラジルに行ってまいりました。

八月一日と二日に「世界平和のための生長の家国際教修会」が開催されまして、『聖使命』新聞九月一日号に詳しく書かれてありますけれども、世界十五カ国から二、九六二名の方がお集まりになりました。大半が地元のブラジルの方ですけれども、そのほか、人数の多い順に、アメリカ合衆国、ペルー、チリ、コロンビア、スペイン、アルゼンチン、ボリビア、パラグアイ、イギリス、カナダ、パナマ、ポルトガル、スコットランド、ドイツなど、南北アメリカやヨーロッパの国々からも参加されて、四カ国語の同時通訳で行われました。

そして、五人の講師——本部講師、本部講師補が研究発表をしました。教修会のテーマは、「自然と人間との共生・共存」でした。講師はそれぞれ、「研修I アメリカ先住民の自然観に学ぶ」として、「各論① 北アメリカの場合」「各論② 中南米の場合」、続いて、「研修II 世界の主要な伝統的宗教の自然観に学ぶ」として、「各論① ユダヤ教/キリスト教」「各論② イスラーム」「各論③ 仏教(ヒンズー教)」を発表されました。今回は、ブラジルで教修会が開催されましたので、まず南北アメリカの先住民族がどういう自然観を持っていたのかを学び、続いて、世界の主要な伝統宗教の中にはどういう自然観があるのかを学びました。

そこで分かりましたことは、日本の神道や、あるいは〝アニミズム〟といわれる信仰の中には「すべてのものに命が宿る」という考え方がありますが、アメリカの先住民族の人々も、「すべてのものの背後には、神の命が宿る」というものの見方をしていたということです。

現代人の中には、人間は万物の霊長であり、すべてを支配できるという考え方――いろいろなものを自分たちの生活のために、都合の良いように使っていいという考え方があります。土地を所有し、食料や衣服をいっぱいため込み、もしもの場合に備えて、それらを用意しておかないと不安だったりします。

けれども、古代の、先住民族の人々は、「すべてのものに神の命が宿っている」と考えていて、自分と他人、自分と周りのものを分離して考えません。すべてのものが人間と対等なのです。ですから何かを使うのでも、例えば、食事をするのでも、「いただく」「使わせていただく」という考え方です。どうしても動物などの命をいただく場合には、とても丁寧に扱って、血の一滴すらも無駄にはしない。そのように、もう丸ごといただきますから、それを大切にし、感謝し、そして怒りを買わないように祈りを捧《ささ》げて、お互いに生かし合いながら生きるという、そういう深い知恵を持って生活していたということです。

ですから、私たちが二十一世紀の今日直面している地球温暖化問題を解決するための、基本的な生き方の知恵が、先住民族の人々の中にもあるということを学びました。

さらに、世界の伝統宗教の中にも、同じような自然観があるのですけれども、それが、時代を下ってくると、その宗教の〝聖典〟を通して、いろいろな解釈が生まれてきます。そして人間に都合の良いように、人間が快適な生活ができるように解釈され、人間が万物を支配できるという考え方が生まれました。今日、私たちは、一般的に——生長の家の信仰者の方は違うかも知れませんが——快適に、健康で長生きして、豊かに過ごすために、自分と自分の周りのものを切り離して考えて利用しています。

それは、『今こそ自然から学ぼう』や『神を演じる前に』（いずれも谷口雅宣著）に書かれてありますように、今日の、遺伝子操作をはじめ、自然を改変するような生き方に繋《つな》がっているわけです。けれども、先住民族や伝統宗教が生まれた時代の人々は、自然と共に生きる生き方をしてきたということを学びました。

〝すべては一体〟を表すユダヤ教の例え

発表の一つ、「ユダヤ教／キリスト教」の中で、宮裏準治講師は、ユダヤ教の中にある次のような例え話をされました。

一人の男が自分の土地にある石を集めては、そばの公道に捨てていた。そこを通りかかった信心深い人が言った。「愚か者、なぜあなたは自分のものでない土地から石を取って、自分のものである土地に捨てるのか？」

ちょっと反対のことを言っているように聞こえますね。愚か者と呼ばれた人は、自分の土地の石を拾い集めて、みんなが通る道に捨てていたのに、信心深い人が、「どうして自分の土地でない所から石を拾って、自分の土地に石を捨てているのか？」と言ったというのです。

男は、信心深い人が事実と反対のことを言ったと考えて笑った。

何を馬鹿なことを言っているんだ。ここは私の土地で、あそこは公道で人の土地なのに、なんで反対のことを言っているんだということです。

だが、数年後、土地を売ってしまった男は、その道を歩いていて石につまずいて転び、怪我《けが》をした（笑い）。男は目を上げていた。「信心深い人の言ったことは正しかったのだ」

これは単純な話ですけれども、とても深い意味を内に持っているのではないかと思いました。私たちは、「これは私のもの、これは人のもの」と捉えて、自分たちが豊かで快適な生活をするために、周りのことをあまり考えていないかもしれない。けれども、自分と周りは分かれていないということが、この信仰深い人には分かっていた。そして、「〝自分の土地〟などという区切られたものは本当はない。すべては一体で、その公道も含めて、すべてが自分の土地である」ということが、ここには表現されているわけです。

現在、私たち人類は、豊かで快適な生活をするために、特に産業革命以降、石油を中心とする化石燃料をドンドン使って、大変な経済成長を遂げたのです。この間読みました本では、人類の歴史で、経済がどれくらい発展したのかというと、産業革命まで四千年ぐらいの間に約二倍、ところが産業革命以降は、百倍というすごいスピードで発展を遂げたということでした。

長い時間にたったの二倍で、その後、大変な勢いで経済発展を遂げて、私たちは、豊かな生活をしているわけです。そして、「素晴らしい経済発展を遂げた」と喜んでいたら、地球温暖化という問題が出てきて、たくさんの生物が絶滅したり、絶滅の危機に瀕《ひん》しています。またこのままでは、人類の安全な生存のため、地球自体がそのままあり続けるかどうかが危ぶまれている。今、私たちはそういう問題に直面しているのです。

私たちが、自分と世界が全然関係ない離れたものと見て活動した結果、問題に直面したのです。けれども、それが問題であることは、古代の、あるいは二千年以上前のユダヤ教の人々は、理解していたということです。あるいは、私たちも本当は、虚心になって世界を見れば、そういうことが分かったのではないか？ところが私たちは、あまりにも人間中心的な現代文明にさらされたが故に、日常の暮らしが自然と離れ過ぎたが故に、「自然は一つである」という事実を感じられなくなってしまったのではないかということを、今回の教修会を通して学びました。

（生長の家白鳩会全国幹部研修会／二〇〇九年九月四日・生長の家本部練成道場）

第五章 なぜ〝森の中〟なのか〈谷口雅宣〉

科学者は何を考えているか

人類は破滅に向かっているのか？

二〇〇九年二月七日に発生したオーストラリアのビクトリア州での山火事は、東京都の約二倍の面積を焼きつくし、死者は二一〇人に達した。同国での史上最悪の山火事となったが、山火事自体は夏の乾燥した時季のオーストラリアでは珍しくないそうだ。ただ、長期にわたる旱魃《かんばつ》と猛暑続きは例年にない現象だった。メルボルンでは火災が発生した二月七日、観測史上最高の四六・四度を記録したという。この地はコアラの好物であるユーカリの森が多く、この幹や葉には油分が多いために、乾燥状態で引火すれば燃え広がるらしい。地球温暖化にともなう気候変動が影響しているならば、この山火事の犠牲者は、自然災害によるのでなく〝人災〟によるとも考えられるのだ。

私がこんな言い方をするのは、地球温暖化によって大勢の人が死ぬという予想があるからだ。イギリスの科学誌『*New Scientist*』の二〇〇九年一月二十四日号に、「ガイア理論」で有名なイギリス人、ジェームズ・ラブロック博士（James Lovelock）のインタビュー記事が載っていた。当年九十歳になるという同博士が、今の地球環境についてどう考えているか知ろうと思い、私はそれを読んだ。が、同博士は相当悲観的で、地球の温度が今世紀中に二度上昇すれば、世界人口は現在の六分の一以下の十億人に減ってしまうという。

ラブロック博士によると、現在行われている環境対策のほとんどは、巨大な詐欺すれすれのものだという。排出権取引は、政府から巨額の補助金を得られるから、金融会社や産業側がまさに望むところだろうが、気候変動に対してはほとんど効果がない。そのかわりに、多くの人々に多くの金を分配していい気分にさせるから、人々が真剣に考える時期が来るのを遅らせるだけだという。また、風力発電にも手厳しい。風力で一ギガワットの電力を得るには、二五〇〇平方キロもの土地が必要だから、風車はイギリスの美しい田園風景を破壊してしまう、と嘆いている。さらに、二酸化炭素を地中や海中へ固定することについては、「時間のムダだ」という。「気違いじみた」考えで、「危険だ」ともいう。時間がかかりすぎるし、エネルギーを浪費すると指摘する。

原子力発電については、イギリス国内のエネルギー問題を解決する方法の一つではあるが、これによって地球全体の気候変動の問題は解決しないという。また、排出削減の方法としては、時間がかかりすぎるという。

それなら、人類は破滅に向かっているのかと訊《き》くと、博士は「我々を救う方法が一つある」と言う。それは「炭を大量に土中に埋める」ことだという。これは、例えば、農業から出る廃棄物には、植物が夏季に吸収した炭素が含まれるから、これを土中で分解しないタイプの炭に変えて、土に埋める方法を提案している。こうすることで、地球の物質循環システムの中からまとまった量の炭素を抜き取ることができるという。

こんなことで、本当に効果があるのだろうか？　博士は言う――

地球上のバイオスフェアー（生物圏）からは毎年、五五〇ギガトンの炭素が出る。我々人間が出すのは、そのうちたった三〇ギガトンにすぎない。植物によって固定された炭素の九九％は、バクテリアや線虫や昆虫などによって一年ぐらいで大気中に排出されてしまう。我々にできることは、そういう炭素の〝消費者〟をごまかして、農業廃棄物を低酸素状態で燃やし、炭に変えて、畑の中にスキ込んでしまうことだ。これで、CO_2は少しだけ出るが、ほとんどの炭は炭素に変換される。また、この酸化過程の副産物としてバイオ燃料が作られるから、農民はこれを販売して利益を得られる。

ラブロック博士は、自分のことを「楽観的な悲観論者」(optimistic pessimist)と呼ぶ。その理由は、人類は結局は死滅しないと思うからだという。しかし、犠牲者の数は想像をはるかにしのぐ。地球の平均気温が今世紀中に二度上昇すれば、大量の人間が死んで、十億人かそれ以下の数しか残らないという。現在の世界人口は約六十五億人だから、六分の一以下に減ってしまうというのだ。四度の上昇では、現在の十分の一以下に減少するという。この主な理由は、食糧不足だそうだ。が、今回のような山火事や洪水、それに伴う伝染病による死もあるに違いない。このような人類の大量死は、過去の氷河期と氷河期の間にもあって、そのときの地上の人口はわずか二千人ほどだったという。二十一世紀においても最悪の場合、こういう状態が再来すると博士は警鐘を鳴らすのである。

なぜ今「地球環境工学」か？

私は最近、「ジオエンジニアリング」（geoengineering）という言葉が気になっている。アメリカの外交専門誌『*Foreign Affairs*』（フォーリン・アフェアーズ）が二〇〇九年三～四月号の表紙の見出しにこの言葉を使ったし、イギリスの科学誌『*New Scientist*』も同年二月二十八日号（vol.201, No.2697）の論説の見出しに、やはりこれを使っている。

ジオ（geo）とは「地球の」とか「地理に関する」という意味の接頭語だ。従って、ジオグラフィー（geography）は「地理」であり、ジオロジー（geology）

は「地質学」、ジオポリティックス（geopolitics）は「地政学」である。エンジニアリングはもちろん「工学」のことだから、「地球」や「地球環境」を工学の対象とするのが「ジオエンジニアリング」である。新しい言葉だから、私の使う英和辞典にも英英辞典にもまだ載ってない。

ご存じのように、遺伝子工学（genetic engineering）は、人間が生物の遺伝子を操作することによって、生物を人間の目的に合わせて制御したり、改変する学問だから、ジオエンジニアリングは「地球や地球環境を人間の目的に合わせて制御し、改変する学問」ということになる。私はそれを「地球環境工学」とここでは訳した。

賢明な読者はすでにお気づきと思うが、『神を演じる前に』（二〇〇一年）や『今こそ自然から学ぼう――人間至上主義を超えて』（二〇〇二年）、ブログなどを通して遺伝子工学に疑義をはさんできた私にとって、「地球環境工学」はさらに疑わしい考え方である。それは私が、宗教家であるからではない。多くの科学者が「地球環境を人間の力で操作するためには、遺伝子操作よりもさらに慎重な配慮が必要だ」ということをよく知っている。第一、「今日の深刻な地球温暖化の原因は、人間の活動による温室効果ガスの増大である」という事実が、地球環境工学の難しさを証明していると言えるからだ。産業革命によって、我々は当初まったく意図せずに、地球環境を悪い方向に変える技術と文明を創造した。そして今日、悪いと知りながらも、この方向を逆転できないでいる。自分の行動の過ちを正せない人間が、何を今さら「地球環境工学」か！

私が「ジオエンジニアリング」という言葉を目にした最初の印象は、そういうものだった。ところが、前記の『*New Scientist*』誌を読んだ私は、この学問が今、科学者の間では〝最後の手段〟として論議の対象になっていることを知った。私が言っているのは、経済危機とか北朝鮮のミサイルのレベルのことではない。現在の人類の意識と世界の政治・経済制度の下では地球温暖化を止めることができないから、人類の犠牲を最小限に食い止めるために、科学技術を動員して地球環境を操作するか、少なくともそういう技術の研究に着手すべしという議論が、環境学者や気象学者の間で行われているのである。

「四度の上昇」というのが、ここでのキーワードである。つまり、地球の平均気温の上昇がこのレベルに達すると、地球環境の変化は後戻りできない状態になるらしい。そして、何年後にこの段階に達するかといえば、あるコンピューター・モデルは「二〇五〇年」にはなるという。が、それは悲観的予測で、多くの科学者は「二一〇〇年」までにはそうなると予測しているようだ。我々の子や孫の時代だ。これはもちろん、現在の京都議定書での取り決めが実現せず、さらなる政治的努力も効果がないという前提に立っているのだろう。つまり、〝最悪の事態〟の到来を予測して、今から準備を始めるべきだとの考え方である。

科学者がそれほどの危機感を抱く理由は、「四度の上昇」が起こった場合の地球環境のシミュレーションを知れば了解できる。

「変わり果てた地球」とは

そのシミュレーションを『*New Scientist*』の記事から拾って紹介しよう。

同誌は、それが起こった時の地球環境を「人類がかつて経験したことのない変わり果てた地球」だと表現する。が、人類が登場する前の地球には、そういう〝温暖時代〟があったらしい。それは今から五五〇〇万年前で、海底深くに凍結し化学的に封印されていたメタンが、地上に噴き出したことで始まったと言われる。これによって五ギガトンの炭素が大気中に放出され、地球の平均気温は五～六度も上昇し、極地に熱帯林が出現したという。また、海には二酸化炭素が融け出して酸化したため、海洋生物の大量死が起こった。加えて、氷の融解によって、海面は現在より一〇〇メートルも高い位置まで上昇し、南アフリカからヨーロッパあたりまで砂漠になった。「四度の上昇」が起こると、これと似た現象が起こると予測されている。

これは理論上の想定で、実際に何がどう起こるかは、気温上昇のスピードと、極地の氷がどれだけ融けるかによって変わってくるらしい。が、この〝温暖時代〟の大きな特徴の一つは、現在の地球で人間の居住と食糧生産に適した場所の多くが、居住にも農業にも適さなくなることだ。また、水温の上昇による海水の膨張や、氷河の融解、高波などで、当初は海面が二メートル上昇し、さらにグリーンランドや南極の氷が融け出せば、さらなる海面上昇が起こるという。NASAのゴッダード宇宙科学研究所のジェームズ・ハンセン所長（James Hansen）によると、大気中のCO$_2$の濃度が現在の「三八五ppm」から「五五〇pp m」になれば、地球上から氷は完全に消え、海面上昇は八〇メートルに達するという。

人類が居住地と農地を失う理由は、熱帯地域の砂漠化によるらしい。現在、地球上の土地の半分は北緯三〇度から南緯三〇度の熱帯に位置していて、この地域が特に気候変動に対して脆弱《ぜいじゃく》であるという。平均気温が四度も上がると、例えば、インド、バングラデッシュ、パキスタンなどでは、短期間に激しい熱帯モンスーンが訪れる。これが、現在より洪水の被害を拡大する一方で、地表の熱は上がっているから、蒸発も速く起こる。そこで、アジア地域では旱魃《かんばつ》が悪化するという。これらの影響で、バングラデッシュでは土地の三分の一が失われると予測されている。

アフリカのモンスーンも激化するという。モンスーンが運ぶ雨により、サハラ砂漠から南方の地域は恐らく一度は緑化すると予測する人がいる。その一方で、アフリカ大陸全土を、深刻な旱魃が襲うとする予想もある。また、地表の温度が上がることで水分が減少するから、中国大陸、アメリカ合衆国南西部、中米地域、南米のほとんどと、オーストラリアで得られる淡水の量は減少する。サハラ砂漠は北上しながら拡大して、中央ヨーロッパに達する。さらに、温暖時代には氷河は消えてしまうから、ヨーロッパ・アルプス、ヒマラヤ、南米のアンデスなどからの水量は激減し、その結果、アフガニスタン、パキスタン、中国、ブータン、インド、ベトナムなどで水不足が深刻化するという。

このように見てくると、地球上で人類が生活できる地域は、北極と南極に近いごく限られた土地ということになる。ジェームズ・ラブロック博士によると、極地付近の地域以外には人が住めなくなるため、「人類は極めて困難な状況に置かれるし、私は、こういう困難を切り抜けられるほど人類が利口とは思わない。人類は生物種としては生き残るだろう。しかし、今世紀中に出る犠牲者の数はとてつもなく大きくなる」という。

地球環境の将来について、このように深刻な予測が、名の通った科学者や一流の研究機関の間にあることを知ってみると、そんな事態を防ぐためには「あらゆる手段を使うべし」という意見が出ることも頷《うなず》ける。「今、地球環境工学の実地研究に乗り出すべきだ」という考えは、こういう文脈で表明されているのである。

地球環境工学は何をする？

「地球環境工学」を語りながら、私はここまで肝腎なことを一つ書かなかった。それは、この新しい科学技術が「具体的に何をするか」ということである。前述の『*New Scientist*』誌は、この技術について「地球の自動温度調節装置を調整すること」と表現し、具体的手法として、太陽光を拡散させて弱めるために「大気中に微細な塵をばらまく」ことや、「宇宙空間に鏡を大量に打ち上げる」ことなどを挙げている。しかし、その一方で「植林」も地球環境工学の〝原始的方法〟だとしているところを見ると、若干、概念の混乱があるのかもしれない。が、読者にこの概念のイメージを理解してもらうために、同誌の掲げている例をすべて列挙してみる：

①宇宙鏡の設置（space mirrors）——前述の通り。
②植林（foresting）——省略。
③エーロゾル散布（aerosols）——成層圏に煙霧質の粒子を散布する。
④人工雲の作製（cloud seeding）——海水を粒子にして大気中に散布する。
⑤人工木の埋設（artificial trees）——炭素を固定した人工木を地中に埋める。
⑥反射性作物の栽培（reflective crops）——太陽光の反射効率が高い作物を植

える。
⑦生物炭化法（biochar）――農業廃棄物を炭化させて土中に埋める。（本書一一五〜一一六頁参照）
⑧海洋肥沃化（ocean fertilization）――海中への鉄分付加でプランクトンを活性化。
⑨海洋への炭酸注入（carbonate addition）――粉末の石灰岩を海中に投入する。

これらの具体策を見て気がつくことは、ほとんどのものが比較的安価に実行できることだ。「安価」という意味は、現在考えられている温暖化抑制のための諸方策――省エネ、省資源、リサイクル、炭素税、排出権取引、自然エネルギー開発など――に比べて、コストが安く見えるということだ。また、一国の決断で実行できるという点も見逃すことができない。この二つの要素は、しかし地球環境工学の長所であると同時に問題点でもある。なぜなら、安価で実行しやすい方策は、国際的な取り決めなしに、また環境への影響評価を軽視して実行されやすいからである。

『*New Scientist*』誌によると、この危険性は実際、二〇〇五年十一月にあったという。当時、国連のＩＰＣＣ（気候変動に関する政府間パネル）の副議長で、ロシアの地球気象環境研究所の所長であったユーリ・イズラエル氏（Yuri Izrael）は、プーチン大統領に対して、ロシアは今すぐ大気圏に六〇〇万トンの硫酸塩エーロゾルを散布すべきだと提言したのだ。この方法は、前記のリストの三番目にあるものだが、二〇〇七年に行った実験によって、硫酸塩による太陽光の遮蔽《しゃへい》は、地球のある箇所に深刻な旱魃をもたらす危険があることが分かったのだ。

だから、このような危険性を無視して地球環境工学を実施することは、国際紛争の原因になるのである。事実、アメリカはベトナム戦争時代、敵のホーチミン・ルートの補給路を断つ目的で人工雨を降らせる実験をしたことがある。つまり、この技術は戦争目的に使用できるし、実際にそうされたことがあるのだ。これによって「国連環境変容技術の敵対使用禁止協定」（UN Convention on the Prohibition of Military or Any Other Hostile Use of Environmental Modification Techniques, ENMOD）が作られ、今日までにアメリカを含む七十カ国が批准していることは重要である。この技術の〝悪用〟が、人類全体にとって、さらには地球全体の生態系にとって深刻な問題を投げかける可能性を忘れてはならないだろう。

自然との共生を求めて

ある信徒からの手紙

生長の家が国際本部を〝森の中〟に移転するとして、その予定地を山梨県北杜市に購入したことは、二〇一〇年一月末に生長の家の公式サイトで発表され、同年二月一日号の『聖使命』新聞でも報じられた。私のブログでは、それに先立つ一月二十日から四回に分けて、この決定の背景などについて書いた。[*1] そして、それらの文章は月刊の機関誌『生長の家』の四〜五月号に、多少編集を加えて転載されている。だから、多くの読者には、この決定に関する情報は届いているに違いない。

そんな理由もあって最近、私のところに神奈川県の白鳩会員のMさん（46）が、この件で手紙をくださった。私は二〇〇九年十二月三十日のブログ[*2]で〝森の中のオフィス〟構想について「ご支援をお願いする」と書いたのだが、この人は「私は喜んで応援ができない」というのである。該当箇所を引用させていただこう

——

私のここが一番聞いてほしい考え、おもいですが、雅宣先生の森のオフィスの計画等ですが、私は喜んで応援ができないことです。私がおもっている生長の家は、より日本的・古風な〝もったいない〟精神を重んじ、今あるもの、状況に感謝し、大事にし、そこから祈り実現・開花していくところと思っています。共存のため、新しく建築されることより、今ある建物の中から

上手に利用しながら、コツコツ（草の根活動のような）と理想実現していくところと思いますが……。文化的、科学的等の事も大切ですが、生長の家の使命は、もっと魂の向上の内なる理想の内面的な部分強化だと思います。魂が向上すれば、おのずと各々の使命自覚し、開花していくものだと思います。もっともっと身近に今あるもの・事・すべてに感謝の念を深めて行じていくことが大事に思います。私は陰に徹していいのではないかと思いますが……。

一部わかりにくい表現もあるが、だいたいの意味は理解できる。しかし、Mさんのご意見には一つ大きな誤解があると思うので、最初にそれを解消しよう。それは、今回の国際本部移転について、Mさんが「今ある建物がもったいない」と考えられていることだ。私たちは今回、まだ十分使える建物を放棄して〝森〟へ行こうとしているのではない。現在の国際本部の建物について、Mさんは今後何年も使用に耐えると考えておられるようだが、事実は大きく異なる。まず「神像」の掲げられた本館の建物は、昭和二十九年の建設だから、もう築五十六年だ。これに継ぎ足して建てた新館は同四十四年、別館は同三十一年で、いずれもかなり古い。その場合の大きな問題は、これらの建物が現在、国が定めている耐震設計の基準に達していないことだ。基準通りの補強工事をするとなると、断熱材として入っているアスベストの除去などを含めて、相当のコストがかかる。また、機能的面からみても問題がある。それは、三棟は教団の発展とともに次々と建て増しされてきたものだから、〝ウナギの寝床〟状態で使い勝手がとても悪い。この二つの問題を解消するためには、「建て直し」が最も論理的な結論になる。

Mさんは、「今ある建物の中から上手に利用しながら、コツコツと理想実現していく」べきとのお考えだが、私としては、耐震性において違法状態の建物の中に二百人もの職員を入れて、今後何年も仕事をさせ続けることは社会的にも道義的にも許されることではないと考える。また、そうすることが生長の家の「理想実現」だとは思わない。

では、東京・原宿の一等地に、私たちは設備が整った新国際本部を建設するのだろうか？　仮にそうするとしたら、建設中の最低一年間は、どこか別の建物に職員全員と機材、事務用品すべてが移動し、そこを借りて仕事をすることになる。都心のビルを何フロアーも借りる値段は、決して小さくない。そういうコストをかけて建設した新国際本部では、恐らく省エネ、省資源の諸方策が最大限導入されるだろう。が、その設計は「東京」という都市環境の現状に合わせる以外にないのだ。つまり、「自然」や「環境」を最大限考慮した新しい設計思想を導入する余地も、職員が自然と触れ合いながら共存するノウハウを得るチャンスも、ほとんどないと言っていいだろう。

〝自然と共に伸びる〟とは

この後者の点について、もう少し説明しよう。

現在、生長の家では〝自然と共に伸びる〟運動を推進しているが、読者もご存じのとおり、都心は自然から隔絶している。というよりは、そもそも「都市」というものは、自然からの影響のうち、人間の生活にとって不利なものをできるだけ排除して造った空間である。だから、そこに留まることは「自然と別に伸びる」ことを志向することになる。それでも東京は、名古屋や大阪に比べて「自然が多い」などと言われることがある。確かに、皇居を初め、明治神宮や新宿御苑など、〝緑が豊か〟といわれる場所は数多くある。が、それらは「自然」というよりは、本質的に「公園」である。公園は都市の一部を形成する施設で、その特徴は、都市と同じく「人間の生活にとって不利なものをできるだけ排除している」ことだ。もっと具体的に言えば、カやブユやハチなどの発生源となってはならず、その他の〝害虫〟や〝害獣〟がいれば駆除されるべき場所である。そういう空間を拡げたり、増やしていくことは、「自然と共に伸びる」ことには必ずしもならない。

自然界には、青い山々、小川のせせらぎ、林を抜ける風、愛らしい鳥類や小動物、美しい昆虫、山菜や果物、季節の花々……など人間が好むものもあるが、それと同時に、毒虫や害虫による被害、雑草の繁茂、シカやイノシシの食害など、人間が好まないものも多くある。気温も、常に二〇度前後に保たれたオフィス空間とは大いに違う。都心で仕事を続けることは、そういう自然界の〝よい面〟も〝悪い面〟も知らずに生きることであり、したがって「自然と共に伸びる」こととは違う。

都会で〝自然を愛する〟生活をするとしても、例えば、私を含めたすべての役員・職員の生活は、従来とまったく変わらないだろう。深夜まで電灯が煌々《こうこう》と灯る都会で、コンビニや地下街やデパートを利用し、夏場は冷房の寒さに震え、冬場は暖房の暑さに汗を流す。エレベーターやエスカレーターを利用し、動く歩道を早足で歩く。ゴミを捨てれば誰かが掃除してくれるし、食べ放題料理、残飯の山、ラッシュの電車、道路の渋滞なども、これまでとまったく同じである。確かに、生長の家はＩＳＯ１４００１を取得しているから、都心に位置していても省エネ、省資源の努力を今後も続けるに違いない。が、近くで開発行為があれば、我々の努力で排出を削減したＣＯ$_2$は、新たに出たＣＯ$_2$によってアッという間に補塡《ほてん》される。そして東京では、そういうスクラップ・アンド・ビルド（壊して建てる）方式で、新しい施設がどんどん建設されている。

手紙を下さったＭさんは、「陰に徹していい」と言っておられるが、その意味は判然としない。人々や社会の流れの〝陰〟で、コツコツとCO_2削減の努力をしろという意味ならば、多くの生長の家信徒はすでにそれを実行してきたと思う。だから、そういうこれまで通りの生活でいいとお考えなのか。それとも、そういう都会の生活環境の中でも、さらに努力して——それこそ、修行僧のように——自動車を自転車に乗り替えて、エアコンも使わず、暖房も使わず、ネジリ鉢巻きでエスカレーターもエレベーターも利用せず、満員電車の中で聖経を読み、交通渋滞の車内で神想観をする……そういう目立たない活動をしていれば、そのうち世界は理想的になっていくとお考えか。

私は、Mさんがおっしゃるように、都会生活の中でも、今あるものや状況に感謝し、触れ合う人々にも感謝する生き方に全面的に賛成である。それどころか、そういう生活を実践しようという「日時計主義」の運動を、ここ数年、教団全体で押し進めてきたつもりである。「それで十分だから、目立つことはするな」と

Ｍさんはおっしゃるのかもしれない。しかし、私たちが〝森の中〟に行くのは目立つためではない。目立つか目立たないかわからないが、現代生活の中で、自然と調和した生き方を身をもって体験するためであり、また、そのための技術開発に取り組んでいる多くの企業を応援する意味もある。

Ｍさんは「魂の向上」を強調され、「魂が向上すれば、おのずと各々の使命自覚し、開花していくものだ」とおっしゃる。私はこの目標にはまったく同感だ。しかし、魂は魂だけで存在しているのではない。魂は、この世界においては「肉体を通して」生活するのである。その肉体を維持するためには、衣・食・住についての具体的な選択を、私たちは毎日毎日下している。その一つ一つの場面で、私たちは「他からできるだけ奪わない」生き方をしたいと思う。が、都会生活はその選択肢をほとんど与えてくれない。また、欲望が渦巻き、それに応える手段が完備しているから、「奪わない生活」はむずかしい。そういう都会がいいのか、それとも不便ではあるが、自然との接点が多い〝森の中〟がいいのかと考えたとき、私たちは後者を選んだのである。抽象的な〝魂の向上〟ではなく、具体的な生き方を通した〝魂の向上〟を選んだ――こう考えていただければ幸甚である。

【註】

＊1　「谷口雅宣のウェブサイト」のブログ「小閑雑感」二〇一〇年一月二十日、二十一日、二十二日、二十四日を参照。

＊2　ブログ「小閑雑感」二〇〇九年十二月三十日を参照。

自然エネルギーを求めて

自然エネルギーの量は莫大

夕食時に帰宅した私に向かって、妻がやや紅潮した顔で今日の英語のレッスンで学んだことを教えてくれた。ニュース記事等をもとにしたヒアリングと読解、ディスカッションの教室だが、まずカナダ人の先生が作ったクイズを生徒みんなでやったところ、彼女は全問正解だったというのである。そのクイズとは、地球上で得られる自然エネルギーの量と、現在、地球全体で人類が消費しているエネルギー量を比較して、どのエネルギーがどのくらいの量かを当てるものだという。

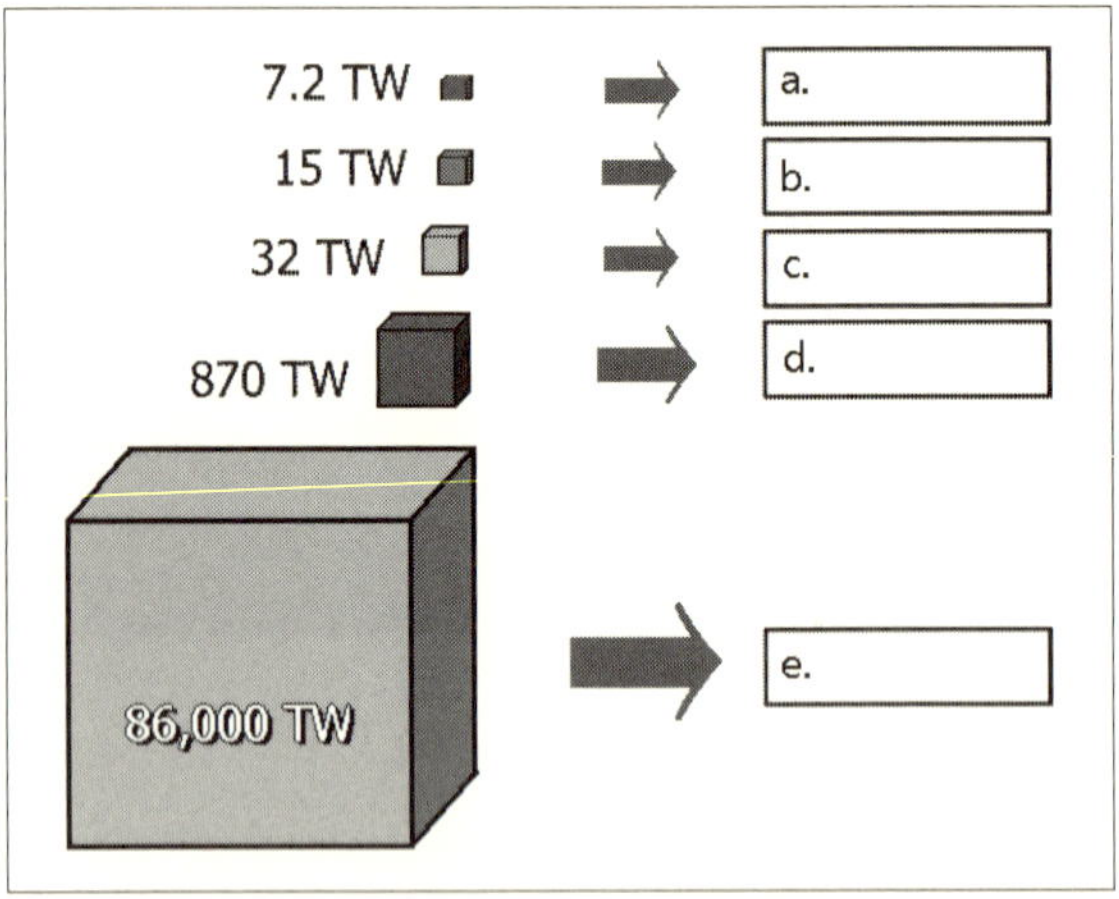

ここでいう自然エネルギーとは、①水力、②風力、③太陽光、④地熱、の四種類で、これらの利用可能量と、人類全体のエネルギー消費量（⑤）がそれぞれどれほどか、というのである。

もちろん、専門家でもなければそれらの数字をすべて覚えていないから、五つのエネルギーの数値が概数で示されている。だから、それら五つの数字が、それぞれどのエネルギーに当てはまるかを言えばいいのである。エネルギーの単位は「ワット（W）」であるが、量が大きいので、「一兆ワット」を意味する「テラワット（TW）」の単位で表記する。すると、ここに掲げた図のように、それぞれのエネルギーは「八六、〇〇〇」「八七〇」「三二」「一五」「七・二」のうちいずれかに当てはまるという。図の中の「a〜e」の四角にエネルギーの名前を記入せよ——こういう問題である。

エネルギー量の見当をつけるために、例を挙げると、一九六〇年代から一九九〇年代にかけて製造された最も強力なレーザー照射装置の出力が、だいたい「数TW」だという。ただし、照射は、何十億分の一秒しか続かなかった。また、雷が生み出すエネルギー量は最大で「一TW」ほどだが、この場合も三万分の一秒の間だけだという。読者は、どの箱にどのエネルギーが入るか分かるだろうか？　頭をひねって挑戦してみてほしい。

一つヒントを言おう。私はかつて（五〜六年以上前に）太陽光発電に関する専門家の本を読み、「現在、日本全体で消費するエネルギー量を太陽光発電だけから得ようとして、発電パネルを敷き詰めていくと、四国の三分の一ほどの面積があればいい」ということを知った。そして、「なんだ、それならエネルギーの自給はできる」と驚いたものだ。このクイズの解答を知ったときも、この時と同じような驚きを感じたのである。

太陽こそすべてのエネルギー源

〝クイズ〟の正解を言おう。

現在、地球に存在していて利用可能の自然エネルギーの量は、

①水力　↓　七・二TW
②風力　↓　八七〇TW
③太陽光↓　八六、〇〇〇TW

④地熱　↓　三二ＴＷ
というこ とのようだ。

これに比べて、人類全体が現在消費しているエネルギーの総量は「一五ＴＷ」でしかないのだそうだ。

この数字が正しければ、太陽エネルギーの利用技術を開発することで、人類のエネルギー問題はいずれ解消してしまうことになる。私はこの数字を知って、まさに〝目覚む る心地〟がしたのである。英語にも「eye-opening」という言葉がある。目がまん丸に開いてしまうと共に、スッキリと問題が整理されるということだろう。それに、前に掲げた自然エネルギーの分類は、厳密にいうと〝排他的〟でない。つまり、それぞれの分類の中に他の分類の要素が混じることがないのが〝排他的〟選択肢だ。ところが、「水力」とは、地上での水の循環（降水↓河川↓海水↓蒸発）の力を利用したエネルギーだから、これが起こる原因には太陽から来る熱が含まれている。また、「風力」が得られるのも、太陽から来る熱が大きな原因だ。「地熱」についても、地球が誕生した原因は太陽だから、地中のマグマは太陽からの恩恵でもある。

このように考えていけば、人類が太古から「太陽神」を拝んできたことは、まったく〝合理的〟と言えるのではないか。太陽エネルギーはまた、我々人間の肉体を内部から支えてくれてもいる。何のことかといえば、それは「人間の食物」のことだ。食物連鎖のピラミッドを思い出してほしい。最下段にあるのは「植物」だが、これは太陽エネルギーを光合成によって内部に取り込んで生きる。この植物の貯めた栄養素を食べて「動物」が生きている。そして人間は、この双方を食して肉体生命を維持しているのだ。

では、化石燃料とは何か？　それは、太古に生きた植物や動物の死骸が地中深くに埋もれ、永い時間の経過の中で化学反応を起こし、可燃性の固体や液体、気体に変化したものだ。ということは、これまた太陽の恩恵なくして考えられない。今日、人類が抱えている最大の問題である地球温暖化は、これらの太陽エネルギーの蓄積を〝正しく〟利用できていないところに原因がある。言い直せば、地下に蓄積された太陽エネルギーを偏《かたよ》って利用しているために、地上と大気圏内での太陽エネルギーの循環を加速させているということだろう。となると、これを抑制するためには、地下に蓄積されたエネルギーの利用を減らし、地上で得られるエネルギーをもっと利用すればいい。つまり、地下資源の利用を減らし、地上資源の利用を増やすことで事態は解決する。中でも、太陽光の直接利用はきわめて合理的と言わねばなるまい。

最初に掲げた数字から単純計算をすれば、太陽は、現在の人類のエネルギー需要の実に「五千七百倍」もの莫大なエネルギーを、常に地球に降り注いでくれているのである。

太陽系エネルギーの時代へ

二〇一〇年一月二十五日付の『日本経済新聞』で、丸紅経済研究所の柴田明夫所長が「太陽エネルギーを使い尽くせ」と言っていた。その意味は、太陽光発電だけを考えずに、古くからある太陽熱温水器も太陽熱発電も、はたまた農業も林業もみな、太陽エネルギーによって支えられているという点では同じであり、これからはそれらをすべて動員する「太陽系エネルギー源」へ産業構造の転換を図らねばならないということだ。柴田所長は、現代の社会は「地下系」の資源に依存して成長してきたが、それの限界が見えてきたから、今後は「太陽系」への転換が必要という。この考え方は、私がかつてブログで紹介した「地下資源文明」から「地上資源文明」への転換という総合研究大学院大学の池内了《さとる》教授と同じだ。[*1]

ただし、農産物や森林を〝エネルギー源〟として見るという柴田氏の発想は、新鮮に感じられる。「農地は究極のソーラーパネルです。農産物は太陽エネルギーが濃縮されて、私たちにとって有用な形に固定化されたものなのです」と柴田氏は言う。林業については語っていないが、まったく同じことが言えることは読者にはお分かりだろう。森林は、太陽エネルギーを炭素として固定化した木々の集成なのだ。農産物は、我々人間の肉体を維持し、活動させるためのエネルギー源である。森林は、我々人間の住居や仕事場を維持し、一定の熱を供給するためのエネルギー源である。しかも両者とも、使い方を間違わなければ枯渇しない再生可能エネルギー源である。そういう視点に立てば、二十一世紀の日本に必要であるだけでなく、「他国から奪わない」という倫理的要請にも合致する〝エネルギー産業〟は、農業と林業ということになる。

本書の巻末には、生長の家が進めている〝森の中のオフィス〟構想の「基本的考え方」を掲載しているが、読者がもし「なぜわざわざ森の中か？」という疑問をまだ抱いているとしたら、この「太陽系エネルギー」という言葉の中にその解答がある。つまり、生長の家は、未利用の太陽系エネルギーが豊富にある地域に国際本部を移すのである。何のためか？　それは、それらの太陽系エネルギーが人間の生命源でありながら、現代人はその生命源との接点を失いつつあるからだ。生命源の近くに住み、そこで働くことで、人間本来の神性・仏性の自覚が深まるだけでなく、そこから新たな、他から奪わない、自然と共存する文明を築き上げることが、二十一世紀における人類の使命である。それを、人さまより少し早く実行するだけなのである。

同じ二十五日の『日経』は、日本の森林の現状について興味深い記事を掲載している。それによると、日本の森林面積は約二千五百万ヘクタールで、国土全体に占める割合としては先進国でトップクラスの六七％。まさに「森林資源大国」と表現できる。しかも、戦後に植えた大量の人工林が今や育って木材として出荷できる主伐期を迎えている。このことは、森林面積に樹木の成長度をかけた「森林蓄積量」を計算してみるとわかる。その数値は「約四十四億立方メートル」に上り、四十年前の二倍を超えている。この巨大な「太陽系エネルギー源」を再生可能な方法で利用し、持続的に利用していく仕組みを作り上げていくためには、「今」が最良の機会なのである。生長の家は宗教運動だから、そういう第一次産業に直接かかわるわけではない。しかし、建材や燃料としての地元木材を利用し、地元の農産物を食し、そして何よりも自然と共存する〝大調和の信仰〟と哲学を宣布することで、二十一世紀の人類の使命遂行に参画できるし、そうしたいと熱願する。

〝森の中のオフィス〟との関連でこのことを言えば、新しいオフィスは、地元の木材を使った木造低層建築（二階建て）で、自然の営みをできるだけ乱さない方式での建設が検討されている。予定地の八ヶ岳南麓の日照時間は、日本ではトップクラスだから、この太陽エネルギーをうまく利用すれば、冬場も昼間は暖房があまりいらない快適な執務環境が実現可能と聞く。職員の交通手段には電気自動車などのエコカーを使い、電源は太陽光発電などの「太陽系エネルギー」から得る方法が検討されている。このような方策により、目標としては二〇一三年のスタート時点で、オフィス全体の〝炭素ゼロ〟を実現したうえでの国際本部移転が計画されている。

また、十五年ほど先にはなるが、ＪＲ東海はこの地にリニア中央新幹線を敷設する予定で、その計画は着々と進んでいる。二〇一〇年一月八日には、同社の葛西敬之会長がこの新幹線の一部区間を先行して開業させる方針を明らかにした、と九日付の『朝日新聞』は報じている。それによると同氏は、「リニアの部分開業は既定路線。可能な区間から開業する。神奈川―山梨が適当だろう」と述べたという。開業時期は明確にしなかったが、東京―名古屋の全体の開業予定が二〇二五年だから、それより早い時期ということだ。これが動き始めれば、東京から甲府までは二十分ほどで移動できる。生長の家はそれを当てにして八ヶ岳南麓に移転するわけではないが、リニアの温暖化促進効果が深刻でなければ、先進的な公共交通機関の利用を避ける理由はないだろう。我々は〝森の中〟に移り住んでも、社会から隔絶するつもりは毛頭ないからである。

【註】

＊1　ブログ「小閑雑感」二〇〇八年三月二十五日、二十六日を参照。

生物多様性を守るために

口蹄疫は何を教える

家畜の伝染病である口蹄疫《こうていえき》が、二〇一〇年の春から宮崎県で急速に拡大した。最初に感染の疑いが出たのが四月二十日、同県都農《つの》町の農場のウシだった。それが、五月に入ってからはブタへ急速に広がり、殺処分の対象は同県内のブタ総数の七％を超えたという。口蹄疫の国内での感染確認は二〇〇〇年以来で、前回は宮崎県でウシ三十五頭、北海道でウシ七〇五頭が殺処分の対象となった。これと比べると、今回の感染はブタとウシを合わせて二十八万頭に近づくなど、規模が大きい。

口蹄疫の問題については、私は『今こそ自然から学ぼう』(二〇〇二年)などに書いたが、感染拡大を防ぐための「殺処分」という方法が、人間至上主義の矛盾をさらけ出していることを指摘したい。この病気は、主として哺乳動物の偶蹄類《ぐうているい》(ヒヅメが偶数に分かれているもの――ウシ、水牛、ブタ、ヒツジ、ヤギなど)に感染するウイルス性の急性熱性伝染病で、人間にはうつらず、感染した動物も死ぬことはない。それなのに、なぜ大量の殺処分が行われるかというと、感染した動物の肉の質が悪くなり、乳の出も悪くなるからだ。また、その病名の通り、感染動物の口や蹄《あし》から外部へ広がる速度が速い。英語では「foot-and-mouth disease」(脚から口への病気)と呼ぶ。このため、感染を防ぐには「感染範囲内のすべての対象家畜を早く殺す」のと「感染範囲内の他の動物や人、自動車の移動を制限する」という方法が採られてきた。国際的に決められた防疫措置は、発生農家を中心に半径二〇キロ以内を移動制限地域とし、同五〇キロ以内を搬出制限地域に設定する。

二〇〇一年にイギリスで発生した際は、当初の対応に遅れたために感染が広がり、結果的に約六百万頭の家畜が殺されることになった。このような殺処分の方法は、山火事における「防火壁」にも似ている。つまり、延焼を防ぐために火事の起こっている周辺地域に逆に火を放つのと似ているのだ。「燃えるものがなくなれば延焼しない」と考えるのと同じように、「感染の対象がなくなれば感染は拡大しない」と考えて、範囲内の対象家畜のすべて――感染していないものも含めて――殺すのである。家畜たちを何年もかけて、手塩にかけて育てた農家の人々は、まさに耐えがたい苦しみを経験するに違いない。

人間は、他の人はもちろん、動物などに対しても「感情移入」をするという点を、私は強調してきた。それが「人間の本質だ」として、〝感情共有の文明〟を築き上げろというアメリカの文明評論家の本もブログなどで紹介した。二〇一〇年五月初めの生長の家の全国幹部研鑽会でも、このことを脳科学の知見から訴える講話を私はした。なぜなら、この〝本質〟を生かした生活を理想とする教えを、日本の伝統的な仏教が説いてきたからだ。具体的には、「観世音菩薩」の教えや「四無量心」の考え方が、他者への感情移入を基礎としているのである。そういう日本の文化的土壌で生きる農家の人々が、自ら手を尽くして育ててきたウシやブタを、市場価値が下がるというだけの理由で、成獣も幼獣も、健康なものも病んでいるものも、一切区別することなく「全頭を殺処分する」のが、「国際的に決められた防疫措置」なのである。これを「非人間的措置」と言わずに何と呼んでいいのか、私は知らない。

このような悪業の原因をつくっているのが、私たちの肉食の習慣である。今さらながら、現代文明の修正の必要性を感じるのである。

自然は多様性を求めている

宮崎県での口蹄疫の勢いは、六月末になってようやく弱まった。二〇一〇年七月一日付の『朝日新聞』によると、同県は前日の夜、殺処分の対象となっていたブタやウシなどの家畜約二十七万六千頭すべての殺処分と埋葬が終了したと発表した。最初の発生が四月二十日だから、約七十日でこれだけの数の家畜を殺さなければならなかったのだ。二〇〇一年二月にイギリスで口蹄疫が広がった際は、二カ月あまりで二百万頭を超える家畜が殺処分されたから、今回の宮崎県のケースよりも深刻だった。いずれにせよ、畜産農家や殺処分に関係した人々の心の痛みは、大変なものだっただろう。

鹿児島県などの隣接県でも、感染の広がりを食い止めようと人や動物の移動に神経をとがらせてきた。また、万一感染が起こった場合の被害を最小限に食い止めるために、種ウシや種ブタをあらかじめ喜界島や種子島などの離島へ避難させたり、近接して飼育していた家畜を急遽《きゅうきょ》、分散して飼う対策も講じたと聞く。

こういうことを考えると、近年、口蹄疫などの家畜の感染症が深刻な被害をもたらすようになった原因の一つに思いいたるのである。それは、生産効率化のために、多数の家畜を狭い領域で飼育する方法が一般化しているということだ。家畜はもともと〝自然〟に育つものではないが、それでも〝自然〟に近い飼い方をするほうが伝染病の被害が少ないのである。これと同じことは、養殖魚や作物についても言えるだろう。私はかつて、山梨県の養魚場に行ったことがあるが、そこではヤマメとニジマスを大きさ別に、いくつかの養殖池で飼育していたが、それらの池はほぼ満杯状態だった。魚たちが泳ぎ回るスペースがあまりないほど、込み入っていたのである。そのためか、性格が獰猛《どうもう》なニジマスは互いに喧嘩をして、鼻先が欠けているものもかなりいた。また、こういう環境ではストレスによる病気も発生するだろうから、薬品を使ったり、成長を促進するためのホルモンの添加もあるのではないかと思う。

作物については、読者もよくご存じの通りだ。単位面積当たりの収量を増やし、かつ作業を効率化することが、まるで〝至上命令〟のように行われてきた。そのためには、作物の一株と一株の間に生じる別種の植物は〝雑草〟と呼ばれて駆除されるのである。これは、家畜の同種だけを狭い空間に集めて育てるのと、同じ考え方に立っている。この考え方を徹底したのが、遺伝子組み換え作物だろう。人間にとって有用な植物の遺伝子を操作して、除草剤への耐性を組み込み、その他の植物を〝敵〟に見立て、除草剤の大量散布によって死滅させてしまおうというのである。自然界は生物多様性を本質的な特徴とする。しかし人間は、単一種の生物を大量に高密度で栽培・飼育することで、より多くの利益を得ようとしているのである。言い直すと、自然の中では決して出現しない状態をむりやり作り出すことで、人間は自然からより多く奪おうとしているのである。今回の口蹄疫の蔓延の〝裏側〟では、「そんなやり方は長続きしないよ」と、ウシやブタたちが涙ながらに教えてくれていたように思う。

遺伝子組み換え作物をめぐる最近の状況も、同じようなメッセージを伝えている。イギリスの科学誌『*New Scientist*』は二〇一〇年五月十五日号（vol. 206, No.2760）で、除草剤への耐性をもった〝雑草〟の出現が、南北アメリカ大陸に深刻な影響を及ぼしつつあることを伝えている。それによると、現在、世界全体では一億ヘクタール近くの農地に除草剤耐性をもった遺伝子組み換え作物が栽培されているという。具体的には、アメリカ南東部を初め、ブラジルやアルゼンチンなどの広大な領域で、除草剤耐性をもった遺伝子組み換え種のトウモロコシ、ダイズ、綿花などが栽培され、ほとんど連作の状態にあるという。その除草剤は、グリフォサート（glyphosate）という特定の薬品で、モンサント社の「ラウンドアップ」という商品が有名である。これらの地方では、これを大量に長期にわたって使用し続けたために、〝雑草〟と呼ばれる植物のうち少なくとも九種が、これに対する耐性を獲得しているという。つまり、除草剤が効《き》かなくなっているのだ。

これに対処するにはどうすればいいか？　それは、特定の除草剤に頼るのではなく、除草のための複数の方法を併用するのがいいという。例えばカナダでは、遺伝子組み換え種のナタネが栽培されているが、連作を避けて小麦や大麦と交替で育て、そのつど、それぞれに合った除草剤を使っている。おかげで、グリフォサートに耐性をもった〝雑草〟はまだ出現していないという。

自然は、ある特定の領域内に生きる生物種の数を減らそうとする人間の試みに対して、「ノー」と言っているように見える。また、そういう方法で利益の増進をはかる人間に対して、除草剤耐性をもつ〝雑草〟を生み出して抵抗している。しかし、生物種の数を減らさずに多種を残した場合には、除草剤への耐性を〝雑草〟に与えないのである。読者には、「多様性を壊すな」という〝英知の声〟が聞こえてこないだろうか？

人間至上主義を超えて

地球環境と宗教

地球環境問題がようやく国際政治の主要課題として上ってきた。しかし、この二十一世紀最大の問題をどう理解するかについて、人類はまだ合意に達していないようだ。私は二〇〇二年に生長の家から上梓した『今こそ自然から学ぼう』に「人間至上主義を超えて」という副題をつけて、この現代の思潮が地球環境問題の根底にあることを指摘したが、どれだけ説得力があったか分からない。

人間至上主義とは、人間にとって何よりも大切なのは人間だから、人類の増殖と発展を至上価値として追求すべきとする考え方だ。「至上価値」という意味は、どんな犠牲を払っても擁護し、あるいは実現すべき価値ということだ。このような考え方にもとづいて、私たちは自然を人間の目的のために改変し、改造し、破壊してきた。今日の地球温暖化は、その結果の一つであると言わねばならない。

もし、この人間至上主義が問題だということを人類が合意できれば、地球温暖化や自然破壊の問題の解決は比較的容易だろう。そのためには人間至上主義的考え方を棄て、それに代わる――例えば自然至上主義的な――思想や信条を採用し、拡大していけばいいからだ。そして、そういう思想・信条にもとづいた社会制度や技術、ライフスタイルを構築していくことで、ゆっくりではあるが、人類の進む方向に変化が生じていくだろう。ただし、その変化が、地球環境の悪化の速度より速くなければ、多大な犠牲が出ることは本章の初めで言及した通りである。

「人間至上主義を推進したのはキリスト教だ」という人が今でも時々いるようだ

が、責任転嫁の議論だと思う。なぜなら、〝神道の国〟とか〝仏教国〟とも言われる我が国によって、過去どれほど環境が破壊され、現在も破壊されつつあるかを、この議論は無視しているからだ。地球環境問題は人類共通の課題だから、すべての宗教が自分の問題として取り組むべきだと私は思う。

新しい宗教的自然観

地球環境問題の解決を技術やテクノロジーのレベルで論じる人も、まだ多い。曰《いわ》く、自動車はすべてハイブリッドや燃料電池車に変え、エネルギーは原子力の利用を中心にし、それでも排出される温暖化ガスは地下に高圧密閉し……等々。こういう議論は、しかし問題の本質を見ていない。これでは、それらの技術がどういう動機で開発されるかが問題にされていない。技術は人間にとって一種の

〝道具〟であるから、〝優れた道具〟さえ手に入れれば、人間はそれを〝優れた目的〟に使うと考えているかのようだ。しかし、一九四五年の広島や長崎で、また二〇〇一年のニューヨークやワシントンで、その期待は大規模に、しかも悲惨な形で裏切られている。さらに皮肉なことに、この二例とも、それぞれの〝優れた技術〟の使い手たちは、その技術を〝優れた目的〟に使ったと信じていたのである。

私がここで指摘したいのは〝人間の心〟が技術を生み出し、技術を使うということである。そして、〝人間の心〟は常に正しいとは言えないのである。人間至上主義の最大の欠陥は、この事実を真正面から受け止めないことである。人間が科学技術によって力を得て増殖し、自然と対峙《たいじ》する際には、人間は正しい判断のもとにその力を行使するから、常によい結果が出て、人間はさらに進歩する……そんな盲目的な楽観論を、私はその背後に感じるのである。

私は今「人間が……自然と対峙する」と書いた。それは、そうすべきだという意味ではない。人間至上主義者はそういう態度をとりがちだからだ。私は逆に、「自然と対峙しない人間」の生き方を提案したい。それは、人間至上主義ではなく、人間自然主義、あるいは自然中心主義とも呼べるかもしれない。自然の背後に人間以上の価値を認め、その価値のために人間が欲望を律する生き方である。新しい宗教的自然観が構築されなければならない、と強く思う。

「自然との調和」は宗教共通の目的

環境問題の元凶はキリスト教か？

私は、二〇〇二年に上梓した『今こそ自然から学ぼう――人間至上主義を超えて』という本の中で、環境問題の元凶はキリスト教の教えに含まれる世界観のせいだとする一部の人の考えを紹介した。この考えを最初に明確に打ち出したのはリン・ホワイト（Lynn Townsend White, Jr., 1907-1987）というアメリカの社会学者で、彼はユダヤ＝キリスト教の神学は根本的に自然界に対して搾取《さくしゅ》的であると指摘した。なぜなら、聖書の『創世記』第一章の二六～二八節の記述が、自然に対する人間の支配を規定しており、人間中心主義の傾向を確立したからだというのである。

神はまた言われた、「われわれのかたちに、われわれにかたどって人を造り、これに海の魚と、空の鳥と、家畜と、地のすべての這《は》うものとを治めさせよう」。神は自分のかたちに人を創造された。すなわち、神のかたちに創造し、男と女とに創造された。神は彼らを祝福して言われた、「生めよ、ふえよ、地に満ちよ、地を従わせよ。また海の魚と、空の鳥と、地に動くすべての生き物を治めよ」。

この聖句の中の「治める」(英語では have dominion over) という言葉が、「支配する」とか「威圧する」という強い意味にも解釈できるので、人間中心主義を正当化する原因になったというのである。

しかし私は、今日の地球環境問題がもたらされた原因を、特定の宗教の教えだけに帰する考えには賛成できない。なぜなら、現代日本の動向を見れば、それが事実でないことが明らかだからだ。例えば、日本の文部科学省に登録された二〇〇六年末の諸宗教の信者数を比べると、キリスト教系宗教団体は全体のわずか一・四％にすぎないことが分かる。ユダヤ＝キリスト教の〝世界観〟が環境問題の元凶であるならば、キリスト教が社会に広く浸透せず、自然との関係を尊ぶ神道や仏教が圧倒的な勢力をもつと思われる日本社会では、自然破壊とそれに伴う環境問題が深刻化することはないはずだ。ところが、事実はそうでなく、日本は深刻な公害問題を経験しただけでなく、現在も大量の温室効果ガスを排出し続けている。

だから、ある宗教のもつ〝世界観〟がその指導者や信者の行動を強く規制して、他の宗教の信者とはかなり異なる行動を起こさせるという考えは、一般論としては成立しえても、限界や例外があると言わねばならないだろう。

「人と自然の調和」は普遍の教え

私は、宗教のもつ〝世界観〟が人々の生活や行動にまったく影響を与えないと言っているのではない。私が言いたいのは、宗教の教典が示す〝世界観〟は必ずしも単一でないから、影響する場合もそうでない場合もあるということだ。因《ちな》みに、ユダヤ教、キリスト教、イスラームが重視する『創世記』だけを取り上げてみても、聖書学者の間では、その成立には少なくとも四人の〝作者〟が関与しているとされている。また、新約聖書の福音書にも〝作者〟が何人もいるから、「〇〇による福音書」という名前がついているのである。作者が違っていれば、それぞれの作者の〝世界観〟が物語に反映されて何ら不思議はない。

また、仏教の場合も、伝播地《でんぱ》が変わることによって世界観や自然観が変わってきたことが、経典の中に反映されている。例えば、釈迦《しゃか》在世の頃のインドでは自然は「恐怖すべきもの」だったが、中国に伝播した仏教は、中国人の自然観の影響を強く受けて、「自然を尊ぶ」教えとなり、自然と人間との一体感を強調する形で発達し、日本に伝来してからはさらにその傾向が強まったと考えられる。仏教研究者のルイス・ランカスター（Lewis Lancaster）は、このように自然環境や文化の違いを越えて伝わることができる宗教を、「ポータブル宗教」（移動可能の宗教）と呼んでいる。宗教が地理的に大きくポータブル（移動可能）であるためには、いくつもの自然観に対応できる柔軟性が教えに内包されているのであり、仏教はそれをなしとげた最初の宗教と言える。

その仏教の諸経典の中にあって、自然を尊ぶ言葉として有名なのが、次の二つである：

山《さん》川《せん》草《そう》木《もく》悉《しっ》皆《かい》成《じょう》仏《ぶつ》
有情《うじょう》非情《ひじょう》同時《どうじ》成道《じょうどう》

これらの言葉の意味をよく考えてみると、結局、生長の家が掲げている「環境方針」の基本認識の最初の文章と同じであることが分かる。その箇所を次に掲げる：

今日、吾々人類に必要とされるものは、大自然の恩恵に感謝し、山も川も草も木も鉱物もエネルギーもすべて神の生命、仏の生命の現れであると拝み、それらと共に生かさせて頂くという宗教心である。この宗教心にもとづく生活の実践こそ地球環境問題を解決する鍵であると考える。

だから、生長の家の運動は、教えの面ではキリスト教とも仏教とも密接に関係しつつ、神の創造、仏の慈悲の表れとしての自然を尊ぶ運動といえるのである。このことは、他の宗教や人々が自然を尊ばないという意味ではない。結局のところ、世界のほとんどの宗教の中には、人間と自然との調和を説く教えが含まれているが、その部分が、これまであまり強調されてこなかったことが、宗教が環境問題の解決に目立った貢献をしていない一因といえばいえるのである。が、宗教が原因で環境問題が起こったのではない。

共通目的に足並みを合わせて

それではなぜ、私たちは今日、地球規模の自然破壊と地球温暖化の危機に直面しているのだろうか?

『世界観とエコロジー――宗教、哲学、そして環境』(*Worldviews and Ecology: Religion, Philosophy and the Environment*)を編纂したタッカーとグリム両氏によると、この問題は結局、「理想と現実の乖離《かいり》」にあるという。現実は必ずしも理論通りには進まないという意味である。また、宗教指導者や信者の側がその時代の状況によって、自然愛護を強調したり、あるいは人間の繁栄を強調したりするという、首尾一貫しない一種の〝ご都合主義〟が働いた可能性もあるだろう。さらに言えば、伝統的な世界宗教は、現代の環境危機のように地球的規模の大問題に直面した経験がない。これは宗教だけでなく、農業も工業も技術も政治も経済も芸術も文化も、こんな大規模な問題に直面したことはないのである。そのため、対応が遅れているという側面は否定できない。

しかし、二十一世紀初頭の今日、宗教はもはや自然破壊と地球の急速な温暖化を黙って見ていることは許されない。私は、各宗教に「共通する教え」が何であるかが合意できれば、多くの宗教は互いに争うことをやめ、足並みを合わせて「共通の目的」（共通する教えが目指すもの）に向かって進むことができると考える。その「共通する教え」とは、宇宙広しといえども、この「地球」という天体にしか表現されていない神の偉大な創造力の結晶を――言い換えれば、仏の無限の生命と慈悲の表れとしての大自然を――あるいは、私たち肉体をもった人間の唯一の表現の場である健全な地球環境を、これからも護《まも》り通していくということではないだろうか。

世界の主要な宗教の伝統の中には、人間をその一部として包んできた自然を、神の〝創造〟もしくは仏の〝表れ〟として尊ぶ思想が存在している。私は、この思想をより多くの人類の仲間に伝えていくとともに、世界の宗教に「共通する教え」の一つとして、多くの宗教に合意を求め、協働して温暖化抑制にあたることを提案するのである。

この偉大な宇宙と、貴重な地球環境が人類の表現の場として与えられていることに心から感謝しつつ……。

第六章　講演録「自然界に〝四無量心〟を行じる」〈谷口雅宣〉

自然への〝四無量心〟

人は自然を愛している

皆さま、ありがとうございます。（拍手）

本日は谷口雅春大聖師御生誕日記念の式典に全国各地から大勢お集まりいただきまして、誠にありがとうございます。

例年ですと、今日のこの日は「谷口雅春大聖師御生誕日」と「生長の家総裁法燈継承」という二つの枕詞がついた式典でありましたが、今年はなぜか一つがなくなりました。これは、先ほども信徒代表の方が仰《おっしゃ》っていましたように、三月一日に一部が移動したからであります。そこで、秋には二つの記念式典が行われていたのが一つに減ってしまったというので、皆さまの中には寂しい思いをしている方がいるかもしれません。しかしこれは、総裁法燈継承記念が三月一日の立教記念日に移動しただけでありまして、決して寂しいことではないのであります（笑い）。特に、今日のこの日は、谷口雅春先生のお誕生日を祝って我々の運動の発展を期するという「一つの目的」に絞られた式典になりましたので、皆さま方と一緒に谷口雅春先生の残してくださった教えをよく学んで、今後の我々の運動に大いにエネルギーを注入していく場にしたい、と私は考えております。

例年私は、この時期に、この場に立ちますと自然界の話をいたします。今年もそれをやるのでありますが（笑い）、自然はこの頃、ちょっと様子が変わってきています。こちらの長崎県でどうなっているか詳しく知りませんが、何となく秋が早く来ているように感じます。今日なんかは、秋というよりも冬のように寒いですね。つい数日前、東京では最高気温が一〇度を下回って九・四度でありまして、「ああ、秋が終わった」という気がしたんですが、しかし、長崎へ来ると秋は終わっていませんで、美しい紅葉が見ることができました。

紅葉というのは、秋の最後の時点で一番美しくなるようであります。東京ですと、幸い本部の近くには明治神宮の外苑がありまして、そこに立派なイチョウ並木があります。私がこちらへ来るちょうど前の日に、そこを通る機会がありましたが、その時には、上は黄金色のアーチで覆われ、下は金色の絨毯《じゅうたん》を敷き詰めたような、素晴らしいイチョウの黄葉を鑑賞できる幸せに巡り合わせました。そして、こちらへ来させていただくと、公邸のモミジがちょうど美しくなりかかっている。「なりかかっている」というのは「まだ美しくない」という意味ではありません。まだ真っ赤ではないんですね。明るい緑色から赤に至るその中間に、黄色や橙《だいだい》や山吹色などのいろんな色がありますが、それらが全部一つの木の中に、あるいは一枚の葉の上にも反映されていて、非常に美しいのです。そこで、枝の先の細いところを一本失礼して切らせていただいて、持って帰って絵封筒に描きました。（笑い、拍手）

そういうわけで、私たち人間は自然が好きなのであります。自然を愛するということは、しかし特に日本人だけに特有な性向ではないと私は思うのです。その証拠に、今日では「エコツーリズム」というのが盛んでありまして、世界中の人々が、豊かな自然がまだ残っている地域に団体で押しかけて、そこで自然を観賞したり、動物を触ってみたりする。そういう観光産業が栄えているようであります。

秋が盛りの今、この瞬間も、日本中でモミジのきれいなところへは大勢の人たちが押しかけて――今日は残念ながらちょっと天気はよくありませんが――きっと紅葉狩りをしているでしょう。また、ご存じのように、春になると山菜を楽しんだり、桜を観賞したりする人たちの列は引きも切りません。夏になると海山へ行きます。では、自然界を愛している人間が、どうして自然を破壊するのでしょうか？　この疑問に答え、自然を破壊から守ることが、今、我々人類に与えられている最大の「課題」といいますか、「公案」といいますか……この疑問に答えを出すことができれば、人類と自然界とは再び共存に至るであろうと思われます。

〝執着の愛〟は自然を破壊する

その点を、今日は谷口雅春先生の『新版 生活と人間の再建』の中から学びたいと思います。この本は今、私が生長の家講習会でテキストとして使っていますから、今日はお持ちでない方も、きっとご家庭にはあると思いますから、お帰りになったらもう一度確認して読んでいただくとありがたい。この本に、第八章として「愛の諸段階に就《つ》いて」という章があります。普通、私たちは「愛」という言葉を聞きますと、「人を愛する」とか「家族を愛する」とか、もう少し広げても「国を愛する」くらいのところまでしか考えないことが多いのですが、私はこのご文章には、我々人間が「自然を愛する」という時にも適用できる、非常に重要な真理が説かれていると考えます。

今日はここを皆さんに紹介して、本当の意味で「自然を愛する」とはどういうことかを学びたいと思います。小見出しで「四無量心《しむりょうしん》を完成するもの」と書いてあります――そこを読みます。

「愛する」とは愛翫《あいがん》することではないのである。酒飲みが徳利《とくり》を愛翫するようにそれを舌なめずりして可愛がることではない。愛翫するのは五官的快感を感ずるがゆえに、それを玩弄《がんろう》しいじくるに過ぎないのである。茶器を道楽にもてあそぶ者は、茶器を愛翫する。それをなでさすり、透《すか》して見、近くで見、遠くから見、その良さを味《あじわ》いとろうとする。そして、其《そ》の名器を手ばなしするのを惜《お》しいと感ずる。

（同書、一四八〜一四九頁）

おうちでネコを飼っている人には思い当たる節があると思いますが、「ネコかわいがり」とか「愛玩動物」という言葉があるように、動物をそういうふうに飼う方がいらっしゃる。時々ベッドに入れて一緒に寝る人もいるようです。

併《しか》し、それは真に「愛する」のではなくして、「愛着」するのである。そしてそれを自分に所有したいと思う。何物にかえても、それを自分に所有したいと思う。他の人がそれを得《う》るならば羨《うらや》ましく思う。嫉妬《しっと》を感じ、或《あるい》はそれを得た人を心憎くさえ思うのである。多くの男女間の愛情は、この酒飲みが徳利を愛翫し、茶人《さじん》が茶器を愛翫するように五官的な快楽と、触りたい、持ちたい、自分のものにしたいと云《い》うふうな執着《しゅうじゃく》を伴うのである。かくの如《ごと》き愛情は、なお真の「愛」ではなくて、著《いちじ》るしく「利己的」な色彩を帯びたものである。　（同書、一四九頁）

ひと言で「愛」と言っても、その中には「執着の愛」もあるということを、しっかりと思い出させてくださるご文章です。続けて読みます。

真の「愛」は斯《か》くの如き「利己的」な色彩のすべてを完全に脱却《だっきゃく》した如きものでなければならないのである。釈迦《しゃか》が悟りをひらかれたとき「諸愛《しょあい》悉《ことごと》く解脱《げだつ》された」と阿含経《あごんぎょう》には書かれているが、諸愛（諸々《もろもろ》の愛着）が悉く解脱されたとき真の「法愛」（ほとけの愛）に到達するのである。愛するとは、小鳥を籠《かご》の中に入れて愛翫することではなく、小鳥を自由に放ちやることである。

（同書、一四九頁）

この文章から、私たち人類と自然との関係を振り返って考えると、人類は産業革命以降、自然を言わば「愛玩《あいがん》してきた」わけです。愛玩というのは、自分の好きなところだけに注目し、その好きなところを自分の近くに持ってきて快感を味わうことであります。そういう愛し方は「執着の愛」である、とここに書かれています。

我々人類の歴史を振り返ってみると、例えば、鉄鉱石であるとか、石油であるとか、金やダイヤモンドの鉱石とか……そういう人間の五官にとって快楽を与えてくれるものを、自然界の中で愛したのではないか。その愛し方は、すごく乱暴であった。例えば、ダイヤモンドの原石があるところに山があったとしたら、その山を全部崩してしまって、森林も、草花も、動物の住みかも全部破壊してしまって、ダイヤモンド鉱石だけを採取してきて、それを加工して楽しむのです。石油もそうですね。石油を開発するときには、その周りにある自然環境はどうなってもいいから、巨大な機械を搬入して、土中深く穴を開け、とにかく石油だけを採取して、それを精製工場で精製し、大型タンクローリーなどに積んで、私たちにとって快い暖かさを提供する暖房に使ったり、あるいは自動車であるとか、旅客機であるとか、そういうものの燃料として使う……そんな生き方を我々は長いあいだやってきた。そうすると、我々は自然を愛せば愛すほど、自然を破壊する結果になるということが分かります。

真の愛は「慈悲喜捨」の心

この後、本には「四無量心」の解説があります。続いて読んでいきます。

愛着は数寄者《すきしゃ》のことであって、それは「好き」であるのであって、執着の境地を脱しない。真の愛は、仏の心である四無量心こそそれである。四無量心とは、慈悲喜捨の四つの無量に深い心である。慈悲は誰も知るとおり苦しめる者を可哀《かわい》そうに思い、その苦しみを抜いてやり、楽を与えてやりたいと云う心である。

（同書、一五〇頁）

「抜苦与楽《ばっくよらく》」といいますね。抜苦とは「バック・オーライ」ではないですよ（笑い）。抜苦与楽とは「苦しみを抜《のぞ》き、楽を与える」という意味です。ですから、私たちは、自然の生物多様性が破壊されて多くの生物種が絶滅していくということを悲しく思う。そうではありませんか？　そして、やはり多くの生物種が繁栄している姿を見ることの方が楽しい。つまり、多くの生物にも楽を与えたい。生物たちにも愛を与えることで、自分も楽しくなる――そういう心を多くの人間が起こすことができれば、人類と自然との共存はもっとうまくいくことでしょう。

其処《そこ》には「好き」とか「嫌い」とかの好悪《こうお》は混《まじ》らないのである。

（同書、一五〇頁）

ここには、なかなか厳しいことが書かれています。自然界には私たちの好きなものも嫌いなものもあるじゃないですか。ときどき私の家にもゴキブリが出てきますが、「好きか嫌いか」と訊《き》かれたら、「好き」とは言えません。が、そういう感情を交えないで、ゴキブリの繁栄を喜ぶ（笑い）――これはなかなか難しいですね。しかし、仏の四無量心とはそういうものであるというわけです。

其処《そこ》には「好き」とか「嫌い」とかの好悪は混らないのである。「己《おのれ》の如く汝《なんじ》の隣人を愛せよ」である。「汝のうちいと小さきものになしたる憐れみの行為《おこない》は、われになしたるなり」である。

（同書、一五〇頁）

今、読んだところは聖書に出てくる文章であります。イエスが説かれた教えの中に、「自分を愛するように、あなたの隣り人を愛せよ」（『ルカによる福音書』第一〇章二七節）というのがある。これは人間に適用する教えですが、さらに進んで、「わたしの兄弟であるこれらの最も小さい者のひとりにしたのは、すなわち、わたしにしたのである」（『マタイによる福音書』第二五章四〇節）という教えは、解釈によっては、人間だけにとどまらない、もっと生物一般に及ぶと考えられます。ですから、キリスト教にも、「四無量心」の考え方と一致するものが別の言葉で説かれていると、先生はここで指摘されているわけであります。

この「四無量心」は「神の無限の愛」と言い換えることができます。「四無量心を行ずる神想観」というのがありますが、そこでは「仏の四無量心」と「神の無限の愛」という言葉を同じ意味で使っています。ですから、仏教を好きな方は「四無量心」で考えてください。キリスト教がお好きな方は「神の無限の愛」として理解してください。そういう心を、私たちは今後、自然に対しても表現していくことが、重要な目標になってくるということが分かります。単なる執着の愛――「ネコかわいがりの愛」ではいけないのであります。

さて、一番難しいのは、四番目の「捨徳」ということです。好きなものは近くに置いて鑑賞したい。いつまでも取っておきたい。でも、それはやがて終わってしまいます。壊れたり、腐ったり、古びてしまいます。自然界の万物は皆どんどん変わっていきますから、それに執着しないのが「捨」です。変わっていいのである、無くなっていいのである、自由に放つのである――こういう心境にまで達すると、捨徳の域に入るのです。捨徳については、谷口雅春先生が少し先の一五六ページから、こう説明されています。

慈悲喜捨の四無量心こそ真の愛であるが、最後の捨徳こそ四無量心を完成するものであり、同時に最も成しがたき愛行《あいぎょう》であるのである。通常「愛」とは「愛」する者を自分の側近に引きつけて置きたいものであるけれども、捨徳は、「愛する者」を「愛するがゆえにこそ」捨て、放つのである。小鳥を愛するが故に、小鳥を籠の中に入れて楽しむのではなく、小鳥を自由に放つのである。愛児が瀕死《ひんし》の病いに罹《かか》って、もうどうにもならないときに、みずからの好悪《こうお》によって、その愛児を地上に引きとめて置きたいなどと思うことなく、「み心ならば天国になりと、どこへなりと引取りたまえ」と祈り得《う》る心である。自己の愛憎や好悪を捨て、ただ神のみ心にすなおに委《まか》せ切って、自己の最も愛する者をさえも放つのである。

（同書、一五六〜一五七頁）

すべての人間が捨徳を成就していく時代が来るのは、まだまだ先のことでしょう。しかし、私たち信仰をもつ人間は、やはり「神の無限の愛」や「仏の四無量心」を一つの理想像として、その理想を地上に顕現する努力をすべきであり、それが使命でもあります。だから、この理想の実現を目指して、我々の自然との関係も、快楽を得るためにではなく、執着を絶って〝放つ愛〟に向かう、そういう方向に魂を向上させることが、本当の意味での〝自然と共に伸びる運動〟と言えるのです。

宗教でなければできないこと

人間界では今、経済が下を向いていまして、従来からの経済学説によって「消費をすれば経済が上向く」ということを言っている人がまだたくさんいます。けれども、「消費をする」ということは、先ほど申し上げた愛着や執愛につながることが大変多く、その結果は自然を破壊することになる。

ですから、〝自然と共に伸びる運動〟を実現するためには、皆さま方には大いに創造力を発揮していただいて、「自然に対して四無量心を行ずる」生き方を開発していただきたい。それが結局、宗教でなければできない、自然を守り環境を大切にする生き方である。そして、我々の心の、そういう深いところまでを見据えた生き方を、大勢の人に伝えていただきたい。普通の環境運動では、そんなことは言いません。「自然を愛する」とは言いますが、「放つ愛」を言うためには信仰が必要です。だから、我々は信仰者として、〝本当の愛〟の深い意義を心に銘記しながら、これからの二十一世紀において、自然と人間とが共存して互いに繁栄する地球を実現する目的に向かって、大いなる夢と希望をもって明るく前進していきましょう。それが、四無量心を行ずる生き方を教えてくださった谷口雅春先生への恩返しになるのです。今後の運動に、ぜひ皆さま方の力を貸していただきたい。

少し時間が長くなりましたが、この辺で私の所感表明を終わらせていただきます。皆さま、今日はこの式典に参加してくださいまして誠にありがとうございました。（拍手）

（谷口雅春大聖師御生誕日記念式典／二〇〇九年十一月二十二日・生長の家総本山）

地球生命と一体の自覚を

皆さま、本日は大勢お集まり下さいましてありがとうございます。(拍手)

今日は、ご存じのとおり生長の家の立教記念日であります。この三月一日には、谷口雅春先生が八十年前に『生長の家』という雑誌を輝子先生と一緒に発行されました。その雑誌の奥付に「昭和五年三月一日」と印刷されています。今日の式典には「立教八十一年」という言葉が冠してありますが、その意味は、今日から立教八十一年目に入るということです。立教記念日としては八十回目というキリの良い年であります。

それから、こちらに持ってきたのは『生長の家』誌の本年四月号です。私たちの機関誌は、これまで『生長の家相愛会』『生長の家白鳩会』『生長の家青年会』の三誌でしたが、今年の四月号から『生長の家』一誌に統合されました。ですから、創刊号との間には八十年の違いがあります。多少大きくなって（笑い）、色がつきました。それから、ページ数は減っているのであります。創刊号は九〇ページくらいありますが、今度出たのは四八ページ（笑い）で、約半分になっています。

こういう変化には、それぞれいろいろな理由があると思います。が、気がついてほしいのは、この八十年で日本社会も世界も大いに変わったということです。ですから、私たちの運動もそういう地上の変化に応じて、変わらないものは変わらず、変わるべきところは変わりながら展開していくのです。その一つの姿が、この雑誌の形態にも表れているのであります。

自然界に四無量心を行じる

先ほどからたびたび話の中に出ていますが、現在は地球温暖化についてよく言われます。これは「気候変動」とも呼ばれているし、「資源争奪戦」とも関係しています。いろいろな側面から問題が指摘されていますが、基本的なポイントは、地球全体で人類の数が増えて、しかもそれぞれが思い思いの勝手な生活をしているので、自然が破壊されているということです。私たちは、そのことが今世紀の一番大きな問題であると考えまして、さまざまな対策を講じてまいりました。

最近では気候の変化が激しく、皆さま方もそれをいろいろな角度から感じていらっしゃると思います。また、大きな地震が二つも発生しました。これが温暖化と関係があるかどうかはそのうちに分かると思いますが、今のところ科学者は「ほとんど関係ない」と言っています。なぜなら、地震の原因である地殻変動は、地球では常に起こっているからです。ただその起こり方が、我々人間の尺度から考えるとあまりに稀《まれ》だから、まるで〝突然の災難〟のように思いますが、実際には、地球上の大陸は長い時間をかけてゆっくりと移動していますから、その途中で、ちょっとガサッと動くことになる。それが大地震という形になっている。そのことが、気候変動と関係があるかどうかはまだ分かりません。ただ、それが科学的にはっきり分かった時点では、大あわてしても遅すぎますから、私たちは科学者の仮説の検証を待つのではなく、一種のメッセージとして——交通信号の「赤」「黄」「緑」などとして、こういうものを捉えたらいい。我々人間がいかに苦労し、努力して築き上げた都市であっても、ちょっと自然が〝咳《せき》をする〟だけで大変な状態になるということです。つまり、「自然を支配しよう」などと思うなということです。

そうではなく、私たちは自然界が当たり前に動いていることを常に感謝しなければいけない。すなわち、自然と人間は本来一体のものとして生きている。そのことを常に感じ、感謝する生活が必要になっているのです。

私は、昨年十一月の秋の記念日の時に、そのことを宗教的な観点から述べようと思い、仏教で説かれている「仏の四無量心」を取り上げて、この宗教的な理想が今もっと前面に出てこなければいけないと申しました。仏教では、この言葉は主として人間が人間に対する心の持ち方について教えていた。人に対して「慈・悲・喜・捨」の愛を与えることに焦点が当てられていたのであります。

先ほど『愛しているから』という聖歌を歌いましたね？　あれは四無量心の歌です。愛しているから「人の苦しみを除きたい」「楽を与えたい」。そして、「相手の喜びを自分の喜びとする」。そして、最後は捨徳です――「去っていくことを私は止めない」。そういう仏の四無量心を、これからは人類の仲間に対するだけでなく、自然界全体に対して行じていくことが、特に現代において我々に求められているのである――そういう意味の話をしました。

翌十二月には、デンマークのコペンハーゲンで「COP15（第十五回国連気候変動枠組み条約締約国会議）」が行われました。これは、京都議定書が二〇一二年で期限切れになりますので、その後の温暖化抑制のための国際条約の枠組みを相談しようと集まった大規模な会議です。ところが、ほとんど実のある合意に達することができなかった。それにはいろいろな理由がありますが、主として各国が「国益」というものだけを見て、それに反すると考えることはどうしても承認しなかった。この問題は、「国益だけでは何事も合意できない」ということを教えています。特に中国なんかは、他の国では皆大統領や首相クラスの代表が会議に出てきたのに、副首相クラスの人間しか送ってこなかった。そのことを、後で随分非難されています。

そういうわけで、二〇一二年以降は、世界全体が温暖化対策を講じる準備がまったくできていない。今はそういう状況に置かれているのです。ですから、政治や経済はあまりアテにならない。それが動くのを待っていることは、何もしないに等しいと思うのですね。日本も自民党から民主党に政権が変わりましたが、政策がうまく実行に移されていない。いろいろなことは言うけれども、何事も決まらない状況でありますから、私たちは私たちの信ずる通り、進むべき方向に歩んでいく以外にないと言えるのです。

この会場には、新年祝賀式に来られた方も大勢いらっしゃると思います。私はその時、信仰者としてもっと具体的な形でこの問題に取り組むために、雅春先生の作られた「四無量心を行ずる神想観」というのがありますが、これの言わば〝新バージョン〟を発表しました。[*1] オリジナルは、主として人類を対象にしたものですが、この部分は全く変えないで〝二番〟を作ったわけです。歌には「一番」とか「二番」がありますでしょう？　そういう二番を作って、人類に加えて自然界も対象にして仏の四無量心を行じていくことを神想観を通してやっていく。これを皆さんにお願いしたのであります。

二月になりますと、もう一つ新しい展開がありました。これは『聖使命』新聞の二月一日号に発表されましたが、先ほど理事長も仰ったように、生長の家の国際本部があと三年くらいのうちに〝森の中〟に移転する。その予定地が決まったと発表されました。山梨県にある八ヶ岳南麓のゆるやかな斜面に土地を購入して、そこに移転することが決まりました。これはもう〝背水の陣〟を敷いたのです。従いまして、皆さま方も四無量心を自然界に行じていくことの宗教的な意味を理解していただき、自らも行じていただきたいのであります。そして、私たちの運動をぜひ応援して下さい。

幸いもう数年前から、皆さま方のご支援をいただきながら、〝炭素ゼロ〟運動が行われています。これは、生長の家の運動方法を若干変えることで、二酸化炭素の排出量を抑えようというのです。例えば、これまでの運動では、たくさんの紙を消費してある程度ムダにしていましたから、そういう森林破壊につながるようなことは極力避ける。また、大勢の人々を一カ所に集めて大きな行事をすることは、移動のために二酸化炭素を大量に排出することになりますから、これを改めて、行事は地元で数多く開くことにしました。それによって、結果的にはたくさんの人が集まるわけです。これは、白鳩会の全国幹部研鑽会で見事に証明されました。東京一カ所でやるよりも複数の会場に分けて開催したほうが多くの人が集まるし、炭素の排出量も格段に減る。そういう形式を教区のレベルでも取り入れて、教化部での会合より地元での誌友会を多く開催するような形に変化しつつあるということであります。

私たちの運動も、有効なものはもちろん残し、さらに発展させなければなりませんが、別の方法がある場合は、できるだけ神の御心に適《かな》い、仏の四無量心を行じる方法――二酸化炭素を極力出さない方式に切り替えていかなければならないのです。

感情移入は人間の本質

これも少しブログに書きましたが、アメリカの文明批評家にジェレミー・リフキンという人がいます。この人は、かつて『バイテク・センチュリー』（一九九九年）という本を書き、まもなく人類はバイオテクノロジーを駆使する時代に入ると予見し、その使い方が野放しにされているのは危険である、と警鐘を鳴らした人です。私も『神を演じる前に』（二〇〇一年）という本を書くのに、彼の言葉をいろいろ参考にさせていただきましたが、この人が昨年、新しい本を書きました。

それが今話題になっているのですが、タイトルは『*The Empathic Civilization*』といいます。英語の本です。日本語に訳しますと、「感情共有の文明」とでもなるでしょうか。「empathic」という言葉は、「empathy」という名詞の形容詞形です。これは六〇〇ページ以上ある本で、私はまだ全部読んでいないのですが、幸い今は文明の利器があって電子本がすぐに入手できますから、そこで「前書き」のところを読みました。

何が書いてあるかといいますと、「人類は人間観を変えないといけない」ということです。これまでの――特に西洋世界における人間観は、近代民主主義の思想、啓蒙思想に深く根ざしています。それは、人間はバラバラの個人であることが良い。誰にも束縛されないで、おのおのが良心に従ってできるだけ自由な生活をエンジョイできれば、自然に天国のような世界ができ上がる――大ざっぱに言えば、そういう考え方です。経済学にもそういう理論がありました。自由経済が自然に、〝見えざる手〟によって良い具合に資源の配分をする。そういう西洋近代の考え方に基づく「個人」というのは、正しい人間観ではない。こういうことをアメリカ人が言うのです。

では、何が正しい人間観かというと、「人間はempathyがその本質である」というのです。簡単な日本語にしますと「感情移入をする社会的生き物が人間である」という考え方です。「感情移入」というのは人間以外の生物にはあまり見られず、人間において最も顕著に発揮される。だから、それが人間の本質であるというわけです。もっと簡単に言うと、相手の身になって物を考えることができる生物――それが人間の本質であるということです。そのことが今、いろいろな科学の分野において証明されつつあるのだから、近代の啓蒙思想に基づくバラバラの〝孤立した個人〟という人間観と、その個人に最大の自由が許されるべきだという考え方は間違っている。それが今の地球温暖化問題の元凶になっており、これからは人間観を変えて新しい文明を築き上げていく以外に、この難局を乗り切る方法はない――そう訴える本のようです。

「empathy」という語は比較的新しい言葉でありまして、この本にも書いてありますが、十九世紀の後半、一八七二年くらいにドイツの美学者が美術作品を見る〝物の見方〟として提案した。ドイツ語で「einfuhlung」というそうですが、「作者の身になって作品を見る」という意味を与えられた造語です。それを、二十世紀になってアメリカの心理学者が心理学に応用して、人の身になってものを考えるという心理状態を、ドイツ語から少し変えて「empathy」という語にした。英語には「sympathy」という語があって、似ています。これは日本語では「同情」と訳されていますが、「empathy」は同情とは違います。同情の場合は、悲しんでいる人を見て哀れむような感情でありますが、「empathy」では、悲しむだけでなく、喜んでいる人を見ても自分が喜ぶことも含まれています。こういう感情を自然にもつのが人間の本質であるから、それを生かした文明を創り上げていく必要がある、という提言が書かれているのです。

しかし、これは何のことをいっているかとよく考えてみますと、「四無量心」のことなのであります。仏教ではもう千年以上も前から、人間は〝仏の四無量心〟をお手本として生きるべきだという教え、「慈・悲・喜・捨」という考え方が伝わっています。それが、現代の文明批評家の本では――まだ全部読んでいないので断言できませんが――人類の危機を救う生き方として提案されているようです。

しかし私に言わせれば、それだけではまだ足りない。人間同士が人類だけの身になって考えるのでは不十分です。地球生命すべてのものと私たちは一体である、というところまで感情移入を拡大していく。そういう生き方が必要になってきているのです。これは、〝自然と共に伸びる運動〟の重要なポイントであると私は思うのです。ですから、これからの運動の中では、あらゆる機会に四無量心のことを思い出してください。運動の方法を考える時にも、人間本位の発想をしていないかと考えてみる。また、毎日の神想観の中でも、私たちの心のトレーニングとして、「四無量心を行ずる神想観」をする。そして、自己に宿る神の声に従って、大いに運動を展開していただきたいのであります。

「empathy」というのは、そんなに難しいことではありません。簡単な例でいいますと、今日、冬季オリンピックが終わりますが、そのスケート競技の中で浅田真央さんが演技をしていたら、私たちは彼女に感情移入するわけです。ごく自然にそういう心の状態になっていきますね。そして、無意識のうちに「うまくやって」「失敗しないで！」などと心の中で応援して、興奮するでしょう？　それが「empathy」です。それは、普通の人は自然に行っていることです。ただし、それは四無量心とはいえない。なぜかといったら「無量」ではないからです。自分の好きな選手にだけ「empathy」を感じる（笑い）。イヌ、ネコ……など自分の好きな動物にだけ「empathy」を感じる。まあ、イヌを「猫かわいがりする」とはあまり言いませんが、特定の動物だけをかわいがる。（笑い）

そういうふうに、自分に都合のいいものだけに感情移入をすることはよくあります。恋人同士もそれをやっていますね。しかし、それでは足りない。人間は普通、無意識のうちに「empathy」を行っていますが、これからはそれを意識して、人類のみならず自然界に対しても四無量心を行じる努力をしていくことを提案します。それを、これからの我々の生き方の〝お手本〟としなければならない。これは「はい、すぐに明日からできます」という具合にはいきませんが、目標として努力するのです。

こだわりを捨てて美を感じる

ここで一つ、私の体験談を申し上げます。最近は雨ばかり降っていました。それに、寒かったり暖かかったり、変化が激しいです。私が住まわせていただいている生長の家の公邸はお庭が広くて、門を入ってから玄関に行くまでに何十段も石段を登ることになります。そうしますと、暖かい夜に雨が降っていると、何か出てくるわけですよ（笑い）……その庭にはヒキガエルがたくさん棲《す》んでいるんです。ヒキガエルは、姿形はあまり美しい生物ではありません。茶色っぽい色をして、黒い斑点がいっぱいついている。体もけっこう大きい。それが、私が家に帰る頃はもう暗いですから、暗がりでピョンピョン跳ねている（笑い）。彼らは、目がよく見えないようなんですね。だから、私の進路をふさぐようにして、足元にピョンと跳んで出たりするんです（笑い）。そうしますと、私は帰路を急いでいますから「邪魔だなぁ」と考える。下手したら踏みつけることになるから、「こんなモノいないほうがいいのに」と思う。しかし、私はそこでふと考えたのであります。「ちょっと待てよ。〝自然と共に伸びる運動〟をしている張本人が、ヒキガエルは邪魔物だと思っていてはいけない」と。（笑い）

そこで立ち止まって静かに考えていたら、近くに池がありますので、そこに同じヒキガエルがたくさん卵を産みに出てきているわけです。ですから、鳴き声が聞こえてくる。皆さん、ヒキガエルはどう鳴くかご存じですか？　童謡で『かえるの合唱』という歌がありますね（笑い）。「カエルの歌が聞こえてくるよ、ゲッ、ゲッ、ゲ……」と（笑い）。でも、ヒキガエルは「ゲッ、ゲッ、ゲッ」とは鳴かないんです。もっと良い声で鳴くんです。「コロコロコロコロコロ」とか「クルクルクルクルクルクル」って鳴いているんです。それが何十匹もいるわけですから

――先ほどは聖歌隊の方に歌っていただきましたが、あそこまではいきませんが（笑い）――ちゃんと和音を作っているわけです。それが、すごく耳に心地いいということに気がつきました。つまり、「ここにヒキガエルと人間が共存できるちゃんとした接点がある」ということに気がつかせていただきまして、満足して帰ってきました。（笑い、拍手）

これはほんの些細《ささい》なことですが、私たちは自分の立場にこだわっていると、本来美しいもの、良いものが周りにあっても、それに気がつかないことが多いのです。人間はそういう短慮やこだわりから、本来共存すべき自然を破壊してしまうことがありますから、ぜひそういう点も心に留めていただいて、〝自然と共に伸びる運動〟を大いに展開していただきたいと思います。

あまり時間が長くなるといけませんので、最後に、今度出た『生長の家』四月号の、谷口雅春先生のご文章を朗読して、私の話を終わりたいと思います。最初のところに載っている「あなたは神に取り囲まれている」という御文章です。

神はすべての渾《すべ》てである。一切のものは神の生命・智慧《ちえ》・愛の実現であるのである。一枚の木《こ》の葉、一輪《りん》の草花、日光、空気、水、その他、どんな大きいものも、どんな小さなものもことごとく神の生命・智慧・愛……などの実現ならざるものはないのである。あなたは神の生命に包まれ、神の愛にいだかれ、神の智慧に導かれて生活しているのである。わたしたちはそれを単に物質に取り囲まれ、物質の供給を受けて生活しているのだなどと考えてはならないのである。こうしてわたしたちを取り巻き、わたしたちを生かし、わたしたちを導いていて下さる神の霊の存在を自覚して、神に感謝しなければならないのである。感謝するとき与えられた恵みは増幅し、さらにますます供給されることになるのである。

（同誌、二〜三頁）

ここには、日時計主義の極意が書かれています。それは自然の中に、またあらゆるものの中に神を観《み》るということです。こういう文章を読み、その教えを生活に実践しながら、皆さんと一緒に大いに〝自然と共に伸びる運動〟を展開していこうではありませんか。

これで私の話を終わらせていただきます。ご静聴ありがとうございました。

（拍手）

（立教八十一年生長の家春季記念日・生長の家総裁法燈継承記念式典／二〇一〇年三月一日・生長の家本部会館ホール）

【註】

＊1　巻末資料を参照。

《巻末資料1》

四無量心を行ずる神想観

われ今五官の世界を去って実相の世界に入る。

神の無限の智慧の海、神の無限の智慧の海、神の無限の智慧の海……

神の無限の愛の海、神の無限の愛の海、神の無限の愛の海……

神の無限の生命の海、神の無限の生命の海、神の無限の生命の海……

神の無限の供給の海、神の無限の供給の海、神の無限の供給の海……

神の無限の悦びの海、神の無限の悦びの海、神の無限の悦びの海……

神の無限の調和の海、神の無限の調和の海、神の無限の調和の海……

（この最初の基本部分に続いて、次のように唱えます）

わが心、神の無限の愛、仏の四無量心と一体にして、虚空《こくう》に広がり宇宙に満ち、すべての衆生をみそなわして、その苦しみを除き、悩みを和らげ、楽を与え、喜びを与えんと欲《ほっ》するのである。

わが心、神の無限の愛、仏の四無量心と一体にして、さらに虚空に広がり宇宙に満ち、地球のすべての生命と鉱物の一切を見そなわして、その苦しみを除き、楽を与え、多様性を護り、喜びを与えんと欲するのである。

（これらの二つの言葉を繰り返して念じた後で、次のように唱えます）

一切衆生の苦しみは除かれ、悩みは和らげられ、楽は与えられ、喜びは与えられたのである。ありがとうございます。ありがとうございます。

すでに、地球のすべての生命の苦しみは除かれ、楽は与えられ、多様性は護られ、喜びは与えられたのである。ありがとうございます。ありがとうございます。

《巻末資料2》

〝森の中のオフィス〟構想の基本的考え方

〈二〇〇四年七月二十六日決定〉

生長の家は、宗教界で初めてＩＳＯ１４００１を取得し「現代的な意味での宗教生活の実践」として環境保全活動に取り組んできた。しかし世界では、今もなお環境破壊や地球温暖化が進み、それに伴う海面上昇や異常気象の頻発により、人間社会や自然生態系に多大な影響を及ぼすことが危惧されている。一方、枯渇が予測される化石燃料資源の確保努力が戦争や地域紛争の一因となるなど、世界の「平和」と「環境」と「資源」との問題は互いに強く関連し、その解決が全人類共通の喫緊の課題となっている。

幸い現在では、地球温暖化の進行を食い止めるための技術開発が急速に進み、再生可能の自然エネルギーによる発電、水素による電力備蓄、廃棄物の削減等が可能となっている。しかし、それらの新技術を一般に供するための社会基盤の整備は、様々な理由により進んでいない。

生長の家は、「万物に宿る神性・仏性を拝む」という大調和の信仰を宣布するとともに、実際生活に於ても日本全国でのＩＳＯ１４００１の取得、太陽光・風力の利用、殺生や資源浪費を促進する肉食の削減等を進めてきた。しかし、温暖化の進行は社会の変化を上回っており、現行の制度下でそれを食い止める可能性は縮小しつつある。

このような中にあって、生長の家は、「大調和の真理」をさらに広く世界に宣布するとともに、我々自身の生き方の中にそれを実現していくための行動を起こす。すなわち、「現代人が現代の生活を営みながら自然環境と調和した生活をおくる」というモデル社会の構築である。

その具体策が〝森の中のオフィス〟構想である。この構想は、従来のように森を開発するのではなく、人間が自然の仲間入りをさせてもらい、森の機能を活かしたまま業務を遂行し、「森と人の共存」を実現していこうとするものである。

〈活動指針〉

(1) 自然との共生に向けての職員の意識改革

「暖かい、涼しい」を良しとする快適性を追求してきた意識から、「寒くない、暑くない」を良しとする職員の生活意識の改革が必要である。ローエネルギーこそが「自然と共生できる」という強い意志を持ち、職員が「森に学び、森で働き、森で遊び、森を守る」というライフスタイルを確立し、自然との共生を目指す。

(2) 自然との共生を図るオフィスの実現

①電子空間上のオフィスの活用

電子空間上のオフィスの充実を図り、本部が都市部になくても業務が遂行出来ることを証明していく。ペーパーレス化の本部業務体制の確立と、日本国内の拠点及び世界各地に存在する生長の家の拠点をネットワーク化し、相互の情報交換並びに各国の地域的特性に配慮しながらも、重要問題に対してはみ教えに基づいた正しい方策の伝達や指導が迅速に行えるような本部機能を確立する。

②自然と共生できる場所の選定

現況の地形を可能な限り維持することを前提にし、自然度の高い森の部分の開発は避け、自然度の低い森の部分に対してオフィスを設置する。開発する自然度の低い森に対しても、植生に応じた植林等を行い、全体として自然度を低下しないように森を育成する。

③環境と共生するオフィス（建物）を実現

自然環境との共生を目指し、環境に負荷をかけない建築技術や建設資材を積極的に採用した「環境共生建築」によるオフィス（建物）を実現する。

④CO_2を極力排出しない省エネ・オフィスの実現

省資源・省エネルギー型のオフィスを目指すとともに、CO_2排出削減のために化石燃料は極力使用せず、「再生可能エネルギー」である太陽光・風力・水力などの自然エネルギーを基本的なエネルギー供給源とする。

⑤水の有効利用と汚染防止の実現

地形の改変を最小限とし、表土の保全を徹底することにより流出雨水をできるだけ少なくするとともに、建築物や駐車場の地下に貯留タンクを設けて雨水の利用をはかる。また、下水を中水に浄化、中水を再利用するというシステムを採用し、水資源の保全と排水による土壌汚染を防ぐ。

⑥ゼロエミッションオフィスの実現

廃棄物（エミッション）の発生を減少させ、資源循環型のオフィスづくりに取り組み、最終廃棄物の量をゼロにすることを目指す。

（3）生物の多様性保全のための地域社会との協力

日常的に公共団体や地域の住民と一体となって、その地域の特性に応じた地球環境保全の計画づくりや取り組みに積極的に参画し、近隣地域の植林や下刈、間伐などの手入れなどを行い、地域の生物多様性の保全や持続可能な利用のために貢献する。

《巻末資料3》

宗教法人「生長の家」環境方針

〈二〇〇〇年十月十一日〉

基本認識

地球環境問題は、その影響が地球規模の広がりを持つとともに、次世代以降にも及ぶ深刻な問題である。今日、吾々人類に必要とされるものは、大自然の恩恵に感謝し、山も川も草も木も鉱物もエネルギーもすべて神の生命《いのち》、仏の生命《いのち》の現れであると拝み、それらと共に生かさせて頂くという宗教心である。この宗教心にもとづく生活の実践こそ地球環境問題を解決する鍵であると考える。

生長の家は、昭和五年の立教以来、〝天地の万物に感謝せよ〟との教えにもとづき、全人類に万物を神の生命《いのち》、仏の生命《いのち》と拝む生き方をひろめてきた。
生長の家は、この宗教心を広く伝えると共に、現代的な意味での宗教生活の実践として環境問題に取り組み、あらゆるメディアと活動を通して地球環境保全に貢献し、未来に〝美しい地球〟を残さんとするものである。

行動指針

1　啓発活動の実施

職員全員に対して、地球環境問題への深い認識を持ち、環境に配慮した活動を進めるよう教育・啓発活動を行う。また、布教活動を通じて、多くの人々に自然と人間との一体感を醸成し、地球環境問題の改善に貢献する生き方を推奨する。

2　自然生態系への配慮

吾々は「いのちを大切にし、植物も、動物も、鉱物も、全てを神・仏の現れとして、拝む心になることが大切である」との宗教心に基づき、国内外におけるさまざまな布教・事業活動を展開するにあたり、自然生態系への影響に配慮する。また、動植物類を護り、豊かな自然を保持することに努める。

3 環境負荷の軽減

吾々は地球温暖化、オゾン層破壊、大気汚染、水質汚濁、土壌汚染などの環境問題の改善に貢献することを目指す。その一環として自然界のクリーンなエネルギーを使う文明社会に進歩向上する努力を一層強力に推進することが極めて肝要であるとの考えに立ち、太陽光発電装置等の設置、植樹、低公害車の導入等に積極的に取り組むものとする。

4　廃棄物の削減、リサイクルの促進

吾々は廃棄物の発生を減少させ、最終廃棄物の量を削減することを目指す。生かすべき物は生かして使い、古くなった物の中にも、まだ充分使える物は再使用し、使えなくなった物は可能な限りリサイクルする。これは「あらゆる物に感謝する」という心を実践するものである。

5　省資源、省エネルギーの促進

持続可能な発展を遂げるには、自然との調和が大切であり、枯渇が懸念される資源の消費を削減し、化石燃料や電力などのエネルギー使用の削減を行うことが必要である。吾々は、資源やエネルギーも神・仏の現れであるとの考えに立ち、「自制」と「自己訓練」によってむやみに資源やエネルギーを消費しないよう努める。

6　グリーン調達の促進

物品やサービスの調達にあたっては、環境問題を考慮して選択する。

7　環境関連諸法規等の遵守

環境関連法規や条例、地域協定を遵守する。また、受け入れを同意した環境関連の取り決めがある場合はそれを遵守する。

8　環境管理体制の充実

環境管理体制を整備し、各部門に目的・目標を設定させ、それを見直させることにより、地球環境保全活動の一層の充実を図り、継続的改善に努める。

9　周知と公開

環境方針は、職員向けホームページ等を通じて全職員に周知する。また、外部へもインターネット等を通じて公開する。

《初出一覧》

〈第一章〉

自然と人との調和は可能か？（『いのちの環』二〇一〇年 vol.3）

〈第二章〉

森へ行きます（『白鳩』二〇一〇年三月号）

街角の豊かさ（『日時計24』二〇一〇年 vol.3）

まだ見ぬ自分への期待（『白鳩』二〇一〇年 vol.4）

〈第三章〉

大海に石を投じよう（本書）

〈第四章〉

〝神の国〟実現のために（『生長の家白鳩会』二〇〇七年十二月号）

すべてのものには〝神の生命〟が宿っている（『生長の家白鳩会』二〇〇九年十二月号）

〈第五章〉

科学者は何を考えているか（ブログ「小閑雑感」二〇〇九年二月九日、三月二十一日、三月二十三日、三月二十四日）

自然との共生を求めて（ブログ「小閑雑感」二〇一〇年四月十四日、四月十五日）

自然エネルギーを求めて（ブログ「小閑雑感」二〇〇九年五月二十五日、五月二十七日、二〇一〇年一月二十六日）

生物多様性を守るために（ブログ「小閑雑感」二〇一〇年五月十一日、『いのちの環』二〇一〇年 vol.6）

人間至上主義を超えて（『中外日報』二〇〇七年五月三日、五月八日）

「自然との調和」は宗教共通の目的（『いのちの環』二〇〇九年創刊準備号）

〈第六章〉

自然への〝四無量心〟（『生長の家白鳩会』二〇一〇年二月号）

地球生命と一体の自覚を（『生長の家』二〇一〇年五月号）

《参考文献》

○H・D・ソロー著／飯田実訳『森の生活（上・下）』（岩波文庫、一九九五年）
○エドワード・O・ウィルソン著／大貫昌子、牧野俊一訳『生命の多様性（I・II）』（岩波書店、一九九五年）
○稲本正著『森からの発想――サイエンスとアートをむすぶもの』（TBSブリタニカ、一九八八年）
○三浦しをん著『神去なあなあ日常』（徳間書店、二〇〇九年）
○塩野米松著『ふたつの川――伝・炭焼き常次郎』（無明舎出版、二〇〇八年）
○徳野貞雄著『農村の幸せ、都会の幸せ――家族・食・暮らし』（NHK出版、二〇〇七年）
○曽根英二著『限界集落――吾の村なれば』（日本経済新聞出版社、二〇一〇年）
○ Mary Evelyn Tucker, John A. Grim, *Worldviews and Ecology: Religion, Philosophy and the Environment* (Lewisburg, PA: Bucknell University Press, 1993)

○谷口雅春著『新版 生活と人間の再建』(日本教文社、二〇〇七年)
○ジェレミー・リフキン著/鈴木主税訳『バイテク・センチュリー――遺伝子が人類、そして世界を改造する』(集英社、一九九九年)
○ Jeremy Rifkin, *The Empathic Civilization: The Race to Global Consciousness in a World in Crisis* (New York: Jeremy P. Tarcher/Penguin, 2009)
○ポール・ホーケン、エイモリ・B・ロビンス、L・ハンター・ロビンス著/佐和隆光監訳、小幡すぎ子訳『自然資本の経済――「成長の限界」を突破する新産業革命』(日本経済新聞社、二〇〇一年)
○J・ラヴロック著/星川淳訳『ガイアの時代――地球生命圏の進化』(工作舎、一九八九年)

"森《もり》の中《なか》"へ行《い》く

——人と自然の調和のために生長の家が考えたこと

2010年10月10日 初版第1刷発行

著 者 谷口雅宣《たにぐちまさのぶ》 谷口純子《たにぐちじゅんこ》

発行者 磯部和男

発行所 宗教法人「生長の家」

東京都渋谷区神宮前1丁目23番30号

電 話 (03) 3401-0131 http://www.jp.seicho-no-ie.org/

発売元 株式会社 日本教文社

東京都港区赤坂9丁目6番44号

電 話 (03) 3401-9111

FAX (03) 3401-9139

頒布所 財団法人 世界聖典普及協会

東京都港区赤坂9丁目6番33号

電 話 (03) 3403-1501

FAX (03) 3403-8439

印刷・製本 東洋経済印刷

装 幀 日本アートグラファー

本書の益金の一部は森林の再生を目的とした活動に寄付されます。

本書(本文)の紙は循環型の植林木を原料とし、漂白に塩素を使わないエコパルプ100%で作られています。

落丁・乱丁本はお取替えします。
定価はカバーに表示してあります。

Printed in Japan
ISBN978-4-531-05906-5